高速公路 PPP+EPC 模式应用与实践

——以建个元高速公路为例

周孝武 杨 松 齐 兵 主编

科学出版社

北 京

内 容 简 介

本书以云南省红河州建个元高速公路项目为依托，结合建个元高速公路项目工程特点，分享和探讨 PPP+EPC 项目建设全过程管理实践经验，将 PPP 与 EPC 模式进行深度融合，使各施工界面和资源整合更加完善，提质增效更为显著，二者价值优势形成互补。主要内容包括：概述 PPP+EPC 模式，分析建个元高速公路 PPP+EPC 项目的模式、公司管理及风险管理，提出建个元高速公路 PPP+EPC 项目筹备、项目管理策划、专项策划、施工管理及运营管理方法，建立基于 BIM 的建个元高速公路项目建设全生命周期信息化管理方法。

本书适合工程管理相关行业的科研人员和高校师生使用。

图书在版编目(CIP)数据

高速公路 PPP+EPC 模式应用与实践：以建个元高速公路为例 / 周孝武，杨松，齐兵主编. —北京：科学出版社，2024.3
ISBN 978-7-03-076424-9

Ⅰ.①高… Ⅱ.①周… ②杨… ③齐… Ⅲ.①政府投资-合作-社会资本-应用-高速公路-道路建设-研究-云南 Ⅳ.①U412.36

中国国家版本馆 CIP 数据核字（2023）第 175954 号

责任编辑：陈 杰 / 责任校对：彭 映
责任印制：罗 科 / 封面设计：墨创文化

科学出版社 出版
北京东黄城根北街16号
邮政编码：100717
http://www.sciencep.com

成都锦瑞印刷有限责任公司 印刷
科学出版社发行 各地新华书店经销
*

2024 年 3 月第 一 版 开本：787×1092 1/16
2024 年 3 月第一次印刷 印张：10 3/4
字数：255 000
定价：139.00 元
（如有印装质量问题，我社负责调换）

编 委 会

前　言

PPP+EPC 模式是将社会资本与工程建设深度融合，契合了当前新型社会资源调配方式，是实现项目资源最优配置、风险控制最合理的一种投资经营方式。PPP+EPC 模式是社会资本与政府部门合作的研究热点。本书将 PPP+EPC 模式应用于云南省红河哈尼族彝族自治州（简称红河州）建水（个旧）至元阳（简称建个元）高速公路项目，系统阐述PPP+EPC 模式的优势和特点，介绍建个元高速公路 PPP+EPC 项目管理、规划设计、施工管理及运营管理相关内容，分享基于 BIM 的建个元高速公路项目建设全生命周期信息化管理成果，以期为类似 PPP+EPC 项目提供参考。

本书共分为六章内容，以云南省红河州建个元高速公路项目为依托，分别从 PPP+EPC项目概述、建个元高速公路 PPP+EPC 项目管理、建个元高速公路 PPP+EPC 项目规划设计管理、建个元高速公路 PPP+EPC 项目施工管理、建个元高速公路 PPP+EPC 项目运营管理、基于 BIM 的建个元高速公路项目建设全过程信息化管理方面论述 PPP+EPC 模式的内容与方式。

由于作者水平有限，书中难免存在不足之处，敬请读者批评指正。

目　　录

第1章　PPP+EPC项目概述

1.1　PPP项目

1.1.1　PPP项目简介

1. PPP项目定义

PPP(public-private-partnership)即公私合作伙伴关系，"公"即公共部门，"私"即私营机构。PPP是指公共部门和私营机构就提供公共产品和服务而建立的合作关系或合作模式，它以参与方共赢为合作理念，通过引入私人资本将市场中的竞争机制引入基础设施建设中，鼓励私企与政府进行合作，并给予私企长期的特许经营权和收益权，从而加快基础设施建设及促进其有效运营。

2. PPP项目特征

1) 伙伴关系

PPP项目的主要特征就是政府和社会资本之间形成的伙伴关系，二者以特许权协议为基础进行合作，贯穿于项目设计、施工及运营全过程，社会资本对项目的整个建设与运营全生命周期负责。

2) 利益共享

PPP项目的公益性质决定了项目不能以利益最大化为目的。对于社会资本而言，PPP项目中的利益共享除了共享PPP项目的社会成果，还包括长期稳定的投资回报。利益共享是形成可持续PPP伙伴关系的基础。

3) 风险共担

PPP项目具有合理分担风险的特征，这是区别于传统政府采购项目的显著标志。PPP模式下，特定风险通常分配给最善于管理这种风险的一方。

4) 提高效率

在PPP项目中，政府可以借助企业先进技术和管理经验，有效解决项目运作效率低下的问题，社会资本可以获得长期稳定的合理回报，降低政府和社会资本单独投资的风险，提高项目运作效率，为公众提供成本更低的公共产品或服务，实现政府、社会资本和公众三方共赢的目标。

3. PPP 项目优势

1）缓解地方政府债务压力，创新投融资模式

《国务院关于加强地方政府性债务管理的意见》（国发〔2014〕43 号）（以下简称《意见》）要求"剥离融资平台公司政府融资职能"，并且首次提出"融资平台公司不得新增政府债务"。面对地方城镇化建设对基础设施建设的需求与国家收紧地方政府债务规模之间的矛盾，《意见》要求推广使用政府与社会资本合作模式，鼓励社会资本通过特许经营等方式，参与城市基础设施等有一定收益的公益性事业的投资和运营，创新投融资模式，控制和化解地方政府性债务风险。

2）引入市场竞争机制，提高项目建设、运营及管理效率

《财政部交通运输部关于在收费公路领域推广运用政府和社会资本合作模式的实施意见》（财建〔2015〕111 号）鼓励社会资本通过政府和社会资本合作模式，参与收费公路投资、建设、运营和维护，与政府共同参与项目全周期管理，发挥各自优势，提高收费公路服务供给的质量和效率。社会投资人具有专业的技术、管理经验和投融资能力。PPP 模式提倡"让专业的人做专业的事"，通过 PPP 模式，在市场竞争机制下引入社会投资人，可以实现资源的优化配置，充分发挥社会投资人的专业优势，利用其融资、技术和管理优势，提高项目的质量和运作效率，从而提升服务品质，降低成本。

3）形成合理的风险分担机制

与传统的投资模式不同，在 PPP 模式中，按照"风险由最适宜的一方来承担"的原则，合理分配项目风险，项目设计、建设、财务、运营维护等商业风险原则上由社会资本承担，政策、法律和最低需求风险等由政府承担。原来全部由政府承担的风险，转变成由政府和社会资本按照风险分担机制共同承担。

4）有利于加快转变政府职能，实现政企分开、政事分开

作为社会资本的境内外企业、社会组织和中介机构承担公共服务涉及的设计、建设、投资、融资、运营和维护等责任，政府作为监督者和合作者，减少对微观事务的直接参与，加快落实战略制定、社会管理、市场监管、绩效考核等职责，有助于解决政府职能错位、越位和缺位的问题，深化投融资体制改革，推进国家治理体系和治理能力现代化。

5）有利于打破行业准入限制，激发经济活力和创造力

政府和社会资本合作模式可以有效打破对社会资本进入公共服务领域的各种不合理限制，鼓励国有控股企业、民营企业、混合所有制企业等各类型企业积极参与提供公共服务，给予中小企业更多参与机会，大幅拓展社会资本特别是民营资本的发展空间，激发市

场主体活力和发展潜力，有利于盘活社会存量资本，形成多元化、可持续的公共服务资金投入渠道，打造新的经济增长点，增强经济增长动力。

6) 有利于完善财政投入和管理方式，提高财政资金使用效率

在政府和社会资本合作模式下，政府以运营补助等作为社会资本提供公共服务的对价，以绩效评价结果作为对价支付依据，并纳入预算管理、财政中期规划和政府财务报告。这种合作模式能够在当代人和后代人之间公平地分担公共资金投入，符合代际公平原则，有效弥补当期财政投入不足，有利于减轻当期财政支出压力，平滑年度间财政支出波动，防范和化解政府性债务风险。

1.1.2　PPP 项目结构

1. PPP 项目一般结构

PPP 项目由地方政府通过政府采购形式与中标机构组建的特殊目的公司 (special purpose vehicle，SPV) 签订特许合同，由特殊目的公司负责筹资、建设及经营。

PPP 项目的实施分为三个环节：特殊目的公司 (也叫项目公司) 的设立、项目的运作程序和公共产品服务的社会供给。基础性交易结构存在三方的法律主体，即社会资本、政府部门和社会公众。

PPP 项目一段结构的设立，主要有三个步骤。

(1) 政府部门、社会资本对基础设施建设和公共产品服务的供给，签订一系列以"特许权协议"为核心的法律合同与协议文本，并成立 SPV 专门负责项目运营。

(2) 私营机构与银行、保险公司等签订贷款、保险等合同文件，由银行、保险公司等机构针对 SPV 项目运作情况进行承保，提高贷款额度。

(3) 项目产品服务的提供直接影响 PPP 项目的社会评价和公众满意度。

2. PPP 项目结构

PPP 项目的一般结构如图 1.1 所示。政府机构引导和参与，给予社会资本特许权等政策支持，由政府授权机构、社会资本作为 PPP 项目的发起人，联合设立 PPP 项目公司，并通过保险公司提供必要的担保，商业银行和融资租赁公司、信托机构等金融机构参与 PPP 项目贷款等融资模式，共同推动 PPP 项目实施。由特定承建商参与招标，根据与项目公司签订的承建合同，进行项目建设。运营公司按照运营合同组建团队，负责建成后的特定工程或项目运营，运营公司通过与项目公司签订运营合同获得约定的项目收益。项目公司按期向金融机构支付借款本息。在项目运行期内，各方按照约定和合同等，共担风险，共享盈利和相关的权利(吴维海，2017)。

PPP 项目的核心是政府机构和社会资本，双方在合作关系的基础上，实现风险共担和利益共享，在实现利益最大化的过程中相互博弈。PPP 项目参与主体还包括融资方、承包商、分包商、保险公司等。

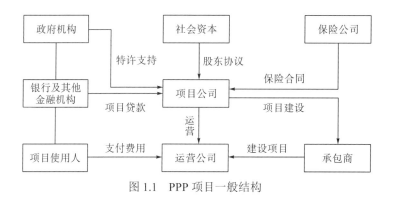

图 1.1 PPP 项目一般结构

1) 政府机构

在 PPP 模式中，政府制定社会资本进入公共服务领域的政策法规，完善融资法规、规范投资行为，建立公平、公正、公开、公信的市场秩序，制定公共服务设施产业政策及规划，积极引导社会资金投资，负责项目招商、协调公众利益等。

2) 社会资本

根据《财政部关于印发政府和社会资本合作模式操作指南(试行)的通知》(财金〔2014〕113 号)(简称《操作指南》)和《国务院办公厅转发财政部发展改革委人民银行关于在公共服务领域推广政府和社会资本合作模式指导意见的通知》(国办发〔2015〕42 号)，社会资本是指依法设立且有效持续的具有法人资格的企业，包括民营企业、国有企业、外国企业和外商投资企业，本级人民政府下属的政府融资平台公司及其控股的其他国有企业(上市公司除外)不得作为社会资本方参与本级政府辖区内的 PPP 项目。

3) 其他主体

(1) 融资方。在 PPP 项目中，向项目提供贷款的融资方主要是商业银行、多边金融机构(如世界银行)、出口信贷机构及非银行金融机构(如信托公司)等。融资方在项目中的主要职能是为项目顺利实施提供资金支持和信用保证。

(2) 承包商和分包商。承包商和分包商是 PPP 项目中的重要组成，其技术水平、信誉及财务能力在很大程度上会影响贷款人对项目的商业评估和风险判断。承包商和分包商的技术水平和管理水平直接决定项目质量和进度。承包商主要负责项目的建设，通常与项目公司签订固定价格、固定工期的工程总承包合同。一般而言，承包商要承担工期延误、工程质量不合格等风险。对于大规模项目，承包商可以与分包商签订分包合同，把部分工作分包给专业分包商。

(3) 保险公司。由于 PPP 项目通常资金需求规模大、生命周期长，在项目设计和运营期间面临着诸多未知的风险，所以项目公司、承包商、分包商、供应商及运营商等通常会涉及的保险包括工程一切险、信贷保险、出口信用保险、自然灾害保险等。同时，由于项目风险一旦发生就有可能造成严重经济损失，所以 PPP 项目对保险公司的资信有较高要求。

1.1.3　PPP 项目流程

PPP 项目运作流程包括项目识别、项目准备、项目采购、项目执行和项目移交五个阶段，具体步骤如图 1.2 所示。

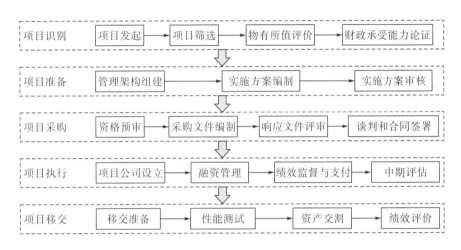

图 1.2　PPP 项目运作流程

1.　项目识别

项目识别是 PPP 项目流程的第一阶段，主要包括项目发起、项目筛选、物有所值评价和财政承受能力论证四个部分。该阶段要重点研究相关行业的经济目标、政策环境、法律法规、融资需求及利益相关者的关注度等，对项目进行系统性和前瞻性的研究和分析。项目识别是 PPP 项目的基础工作，也是确保 PPP 项目最终成功的前提(张彦春等,2016)。

1)项目发起

项目发起是 PPP 项目的起点，是 PPP 项目推进的第一步。PPP 项目发起有两种途径：政府发起和社会资本发起。在项目实操中，PPP 项目一般以政府发起为主。

(1)政府发起。财政部门(PPP 中心)或发改部门负责向工信、交通、住建、环保等主管部门征集潜在的政府和社会资本合作项目。

(2)社会资本发起。社会资本以项目建议书的方式向财政部门(PPP 中心)推荐潜在的政府和社会资本合作项目。

2)项目筛选

项目筛选是项目识别的重要过程，是项目成功实施的重要支撑。潜在 PPP 项目评估筛选工作由财政部门(PPP 中心)与行业主管部门负责。根据本地区的产业基础、项目需求、行业环境和政策标准等，对政策合规性、项目可行性、操作可行性等进行系统分析与综合研究。财政部门(PPP 中心)根据筛选结果制定项目年度和中期开发计划。

3) 物有所值评价

物有所值(valve for money，VFM)是指一个组织运用可用资源获得的长期的最大利益。物有所值评价是国际上普遍采用的一种评价由政府提供的公共产品服务是否可以运用 PPP 模式的评估体系。物有所值评价是 PPP 项目实施的前提条件，由财政部门(PPP 中心)会同行业主管部门，从定性、定量两个方面开展工作(吴维海，2017)。

定性评价重点关注项目采用 PPP 模式与采用传统政府采购模式相比能否增加供给、优化风险分配、提高运营效率、促进创新和公平竞争等。

定量评价主要通过对 PPP 项目全生命周期内政府支出成本现值与公共部门比较值进行比较，计算物有所值量值，判断 PPP 模式是否能降低项目全生命周期成本。

4) 财政承受能力论证

财政承受能力论证是指清晰识别、测算 PPP 项目中的各项财政支出，科学评估项目实施对各年度财政收支平衡状况的影响，为 PPP 项目财政预算管理提供依据。财政部门进行财政承受能力论证时，要以财政中长期可持续为目标，确定每一年度全部 PPP 项目需要从预算中安排的支出责任，占一般公共预算支出的比例应当不超过 10%。开展财政承受能力论证是 PPP 项目可持续发展和政府有能力履约的重要保障，可规范 PPP 项目财政支出管理，有效防范和控制财政风险。通过对 PPP 项目的物有所值评价和财政承受能力论证与测算，若满足物有所值评价并达到了财政承受能力论证要求，该项目可以进入项目准备阶段。

2. 项目准备

项目准备阶段主要包括：管理架构组建、实施方案编制和实施方案审核。PPP 项目的准备工作是项目实施的基础，无论是对政府方还是社会资本，都是 PPP 项目顺利实施的重要环节。

1) 管理架构组建

由县级(含)以上地方人民政府建立 PPP 项目工作小组，涉及财政、发改、银行等多个部门，建立 PPP 项目协调机制。工作小组负责 PPP 项目评审、组织协调和检查督导等工作。

2) 实施方案编制

PPP 项目实施方案由项目实施机构负责编制，项目实施机构可通过公开招标等方式选择有资质的专业咨询机构完成实施方案编制工作。PPP 项目实施方案包括项目概况、风险分配、运作方式、交易结构、合同体系、项目监管、采购方式等，具体内容见表 1.1。

表 1.1　PPP 项目实施方案内容

实施方案框架	实施方案内容
项目概况	明确项目基本情况、经济指标及项目公司股权结构，分析项目采用政府和社会资本合作模式运作的必要性和可行性
风险分配	按照风险分配优化、风险收益对等和风险可控等原则，统筹考虑政府风险观念、项目回报和市场风险等要素，在政府和社会资本之间合理分配项目风险
运作方式	运作方式由收费定价机制、项目投资收益水平、风险分配基本框架、融资需求、改扩建需求和期满处置等因素决定
交易结构	项目投融资结构主要说明项目资本性支出的资金来源、性质和用途，项目资产的形成和转移等； 项目回报机制主要说明社会资本取得投资回报的资金来源，包括使用者付费、可行性缺口补助和政府付费等支付方式； 相关配套安排主要说明由项目以外相关机构提供的土地、水、电、气和道路等配套设施和项目所需的上下游服务
合同体系	项目合同、股东合同、融资合同、工程承包合同、运营服务合同、产品采购合同和保险合同等
项目监管	授权关系主要是政府对项目实施机构的授权，以及政府直接或通过项目实施机构对社会资本的授权； 监管方式主要包括履约管理、行政监管和公众监管等
采购方式	根据项目采购需求特点，依法选择适当采购方式

3) 实施方案审核

在 PPP 项目正式实施前，要审核 PPP 方案，财政部门要对项目实施方案进行物有所值和财政承受能力验证，通过验证的，由项目实施机构报政府审核；如果未通过验证，返回提交单位进行方案调整，并重新验证。通过验证的提交至地方政府审核，并组织实施，地方政府或授权部门可邀请相关部门和专家审核实施方案，并进行公示。

3. 项目采购

项目采购是 PPP 项目实施最为关键的环节之一，主要包括资格预审、采购文件编制、响应文件评审、谈判和合同签署。

1) 资格预审

资格预审一方面可以测试市场，另一方面可以筛选符合资格条件的社会资本，提高 PPP 项目的质量。资格预审主要包括：第一，编制资格预审文件；第二，开展 PPP 项目公告，组织竞标人的资格预审；第三，资格预审结果及公告。

(1) 编制资格预审文件。资格预审文件一般由项目实施机构、咨询机构及招标代理机构协作编制完成。

(2) 开展 PPP 项目公告，组织竞标人的资格预审。资格预审文件编制完成后，项目实施机构应在省级以上人民政府财政部门指定媒体发布资格预审公告，邀请专业机构或专家预审，提交财政机构备案。一般来说，只要有 3 家及以上社会资本通过本项目的资格预审，就可准备采购文件；如果通过资格预审的机构少于 3 家，可以调整方案后重新预审；经重新资格预审后合格的机构仍少于 3 家，可依法调整实施方案的采购方式。

（3）资格预审结果及公告。项目实施机构成立评审小组进行资格预审，资格预审结果需要在特定媒体发布。

2）采购文件编制

PPP 项目采购文件一般由咨询机构协助项目实施机构或委托的招标代理机构进行编制。采购文件主要包括采购邀请、竞争者须知、竞争者资格、资信及业绩、采购方式、政府授权、实施方案批复、项目审批文件、采购程序、响应文件编制要求、提交响应文件截止时间、开启时间及地点、保证金、评审方法、评审标准、政府采购政策、项目合同草案及其他法律文本等。

采用竞争性谈判或竞争性磋商采购方式的，应明确采购需求中的技术、服务或合同草案。采用公开招标、竞争性谈判、单一来源采购方式的，按照政府采购法律法规进行。

3）响应文件评审

响应文件的评审可采用综合评分法或最低评标价法，评标办法应在采购文件中明确。响应文件评审包括确定最终采购需求方案和综合评分。

（1）确定最终采购需求方案。评审小组与社会资本进行多轮谈判，谈判过程中可以修订采购文件的技术、服务要求及合同草案条款，实质变动的内容由项目实施机构确认，并通知所有参与谈判的社会资本。

（2）综合评分。确定采购需求方案后，评审小组对最终响应文件进行综合评分，编写评审报告并向项目实施机构提交候选社会资本的排序名单。

4）谈判和合同签署

由政府和项目实施机构成立谈判小组，与候选社会资本及其合作的金融机构就合同中可变的细节问题进行合同签署前的确认谈判，谈判达成一致者即为中选者。

确认谈判完成后，项目实施机构与中选的社会资本签署确认谈判备忘录，并将采购结果和根据采购文件、响应文件和确认谈判备忘录拟定的合同文本进行公示，公示期不得少于 5 个工作日。项目合同在公示期满无异议并经政府审核同意后，由项目实施机构与中选社会资本签署项目合同。项目实施机构在项目合同签订之日起 2 个工作日内，将项目合同在省级以上指定媒体进行公示。

4. 项目执行

PPP 项目执行阶段主角由政府方逐步转变为社会资本方，政府方的主要职责是对项目公司运作的项目进行监督和管理。项目执行包括项目公司设立、融资管理、绩效监督与支付、中期评估。

1）项目公司设立

项目公司是具有独立法人资格的经营实体，具有自主运营和盈亏自负的特点。项目公司既可以由社会资本出资设立，也可以由政府指定相关机构与社会资本共同出资设立。

2)融资管理

PPP 项目融资由社会资本或项目公司负责,具体包括融资方案设计、机构接洽、合同签订和融资交割等工作。融资对象包括企业、银行、信托、证券、基金、担保公司及外国投资机构。政府财政部门(PPP 中心)和项目实施机构进行监督管理,防止出现企业债务向政府转移等违规行为。

3)绩效监督与支付

(1)PPP 项目绩效监督。PPP 项目绩效是项目公司运作项目的最终结果,项目绩效评价是项目管理的重要组成部分。项目公司运作项目过程中提供产品和服务质量情况、财务情况、资源利用率、职工满意度等,需要政府方对建立完成的项目产出绩效指标进行监测,编制绩效监测季报和年报,并报财政部门备案。

(2)政府支付义务与形式。目前,PPP 项目一般采用政府付费和可行性缺口补助付费机制。

PPP 项目政府支付义务与地方政府财政预算紧密联系,财政部门和项目实施机构都要建立 PPP 项目政府支付台账,严控政府财政风险。项目实施机构根据项目合同约定的产出说明,按照实际绩效直接或通知财政部门向项目公司及时足额支付。

4)中期评估

中期评估是政府对 PPP 项目进行监管与调控的重要手段。项目实施机构每 3～5 年对项目进行中期评估,重点评价项目环境变化、项目运行进展、项目实施风险、项目合规与适应性、项目风险变化等,根据评估结果,制定改进措施,报财政部门等审核或备案。

5. 项目移交

根据合同约定,在特许经营期满后将项目资产移交给项目实施机构或政府指定的机构,项目公司要做好移交准备。项目移交阶段包括移交准备、性能测试、资产交割和绩效评价。

1)移交准备

PPP 项目移交前准备工作如下。

(1)明确代表政府接受项目资产的“接收人”。“接收人”一般为项目实施机构或政府指定的机构。

(2)明确 PPP 项目的补偿方式。有偿移交应明确并实施补偿方案,若项目合同中没有约定或约定不明确时项目实施机构按照“恢复相同经济地位”原则拟定补偿方案,提交政府有关部门审核和实施。

(3)组建项目移交组,根据项目合同约定与项目公司移交情形和补偿方式,制定资产评估和性能测试方案。

2)性能测试

项目移交工作组可以委托资产评估机构对移交资产进行性能测试，提交测试报告。如果性能测试和评估结果未达标，可以要求项目公司进行恢复性修理、更新或提取移交维修保函。

3)资产交割

移交资产性能测试达标后，项目公司应将项目资产、知识产权清单、技术法律文件及项目管理权移交项目实施机构或政府指定机构，办理法律过户或管理权移交手续。

4)绩效评价

项目移交完成后，财政部门对 PPP 项目建设、项目管理、项目产出、成本效益、监管进展、可持续性等进行综合评价，并公开评价结果。

1.1.4　PPP 项目运作方式

1. PPP 项目运作方式分类

PPP 项目运作方式主要由项目类型、融资方式、改建扩建需求、收费定价机制和期满处置等因素决定。从广义的层面讲，PPP 应用范围很广。不同国家由于意识形态及经济发展状况等的不同，PPP 项目的运作方式也各有差异。美国将 PPP 分为 12 种模式，包括 BDO(build-develop-operate，建设-开发-运营)、BOT(build-operate-transfer，建设-运营-移交)、BOO(build-own-operate，建设-拥有-运营)、BBO(buy-build-operate，购买-建设-运营)、DB(design-build，设计-建设)、DBFO(design-build-finance-operate，设计-建设-融资-运营)、DBM(design-build-maintenance，设计-建设-维护)、DBO(design-build-operate，设计-建设-运营)、DF(design-finance，设计-融资)、O&M(operations-maintenance，运营-维护)、免税契约及全包式交易。欧盟委员会按照投资关系，将 PPP 分为传统承包、一体化开发以及经营和合伙开发三类(张彦春等，2016)。

参考国外 PPP 分类标准，综合国内国情和目前 PPP 应用状况，总结出我国 PPP 项目具体运作模式如表 1.2 所示。

表 1.2　我国 PPP 项目分类及主要运作模式

类别		PPP 类型	简写
外包类	模块式外包	服务合同	SC
		管理合同	MC
	整体式外包	设计-建设-维护	DBM
		运营-维护	O&M
		设计-建设-运营	DBO

续表

类别		PPP 类型	简写
特许经营类	部分市场化	建设-运营-移交	BOT
		转让-运营-移交	TOT
		改建-运营-移交	ROT
民营化类	完全市场化	建设-拥有-运营	BOO

1) 外包类 PPP 模式

外包类 PPP 模式通常是指由政府投资，社会资本不承担或只承担较少部分投资，由社会资本承担整个项目中一项或几项职能。外包类包括模块式外包和整体式外包两种形式。模块式外包包括服务合同(service contract，SC)和管理合同(management contract，MC)，整体式外包包括设计-建设-维护(DBM)、运营-维护(O&M)和设计-建设-运营(DBO)。

2) 特许经营类 PPP 模式

特许经营类一般是社会资本参与部分或全部投资，通过一定的合作机制与政府分担项目风险，共享项目收益。根据具体合作内容及方式，通常有建设-运营-移交(BOT)、转让-运营-移交(transfer-operate-transfer，TOT)、改建-运营-移交(retrofit-operate-transfer，ROT)等形式。特许经营类 PPP 项目是当前我国推行的主要项目形式。

(1)建设-运营-移交(BOT)。BOT 方式是指政府授权机构通过特许经营协议授让社会资本成立 BOT 项目公司，项目公司融资、建设并运营 PPP 项目，通过特许经营协议在规定时间内经营项目获得收益，特许经营期结束后，项目移交给地方政府。特许经营期限一般为 25～30 年。

(2)转让-运营-移交(TOT)。TOT 方式是指政府将建设好的项目的一定期限的产权和经营权有偿转让给社会资本，由其进行运营管理，社会资本在协议规定的时间内通过经营收回全部投入资金并取得合理回报，在合约期满后，再交回政府部门。

(3)改建-运营-移交(ROT)。ROT 也被称为"TOT+ROT"，是指在 TOT 的基础上，项目公司对陈旧项目设施或设备进行改造，并在合约期满后转让给政府。

3) 民营化类 PPP 模式

民营化类 PPP 模式是指社会资本投资、建设(或购买)并永久拥有和经营相关设施，受政府管理和监督。民营化类 PPP 项目运作方式的主要代表是建设-拥有-运营(BOO)。BOO 是指社会资本投资、建设并永久拥有和经营基础设施和公共服务项目的运作方式，该运作方式受政府管理和监督，合同期限一般为永久性的。

外包类、特许经营类及民营化类 PPP 模式对比结果如表 1.3 所示。

表 1.3　三类 PPP 模式对比

	外包类	特许经营类	民营化类
资产所有权	政府	社会资本-政府	社会资本
时间	1～5 年	25～30 年	永久
投资	政府	政府-社会资本	社会资本
风险度	较小/适中	高	高

2. PPP 项目运作方式选择

PPP 项目具有多样性,运作方法比较灵活。在选择 PPP 项目运作方式时,应根据相应的原则,综合考虑多种因素的影响,选择合适的运作方式。

1) PPP 项目运作方式选择原则

(1) 结合国情,综合地方实际情况。选择运作方式应考虑我国的基本国情,结合当地经济、法律及政策,制定合理、双赢的项目运作方式,实现改善居民生活水平、提高政府提供公共服务的能力、社会资本盈利及公众获得更好的服务的目的。

(2) 妥善处理政府与市场的关系。不同的 PPP 项目运作方式决定了社会资本的参与程度有所差异,目前在基础设施领域,社会资本很难发挥主导供给作用。因此,在推进我国基础设施建设与运营及公共服务市场化过程中,必须处理好政府与市场的关系,寻找社会资本和政府的平衡点。

2) 保持政府、社会资本、公众的利益平衡

PPP 项目既要考虑社会资本的投资回报,又要考虑公众的经济承受能力,实现政府公共服务的供给职能。这就要求在选择项目运作方式时,要合理制定服务价格,结合当地的经济水平,建立合理的政府补贴机制,同时要做好服务质量监督。

3) PPP 项目运作方式选择的依据

(1) 项目自身特点。选择 PPP 项目运作方式时,首先应该考虑项目自身的特点,结合项目特点量身打造适合的运作方式。项目自身特点应考虑项目的建设类型、竞争性及项目重要性。

(2) 政府能力。PPP 项目涉及复杂的合作关系,社会资本参与投资和建设,由于其过度追求利益而导致风险上升,所以需要政府改变传统的项目管理和监管方式,提高政府在项目招标、谈判、合同监管和规划等方面的能力。同时,政府财政能力对 PPP 项目保障也至关重要,是政府能力中的关键能力之一。

(3) 投资收益及风险。PPP 项目中利润是社会资本考虑的重要因素。不同项目收益水平不同,因此投资收益是设计 PPP 项目运作方式考虑的因素之一。根据项目投资规模和收益效果,可以将 PPP 项目分为三类:第一类,项目投资规模大、短期收益高,可采用 SC、MC、O&M 等方式;第二类,投资周期长、短期收益低,可采用 DBM、DBO 等方

式；第三类，项目属于中等投资收益水平，可采用 BOT、TOT、ROT、BOO 等方式(张彦春等，2016)。

1.2　EPC 工程总承包项目

1.2.1　EPC 工程总承包简介

1. EPC 工程总承包定义

EPC(engineering-procurement-construction，设计-采购-施工)工程总承包是指总承包商受业主委托，根据所签订的合同对工程的设计阶段、采购阶段、施工阶段实现全过程的承包。工程总承包商和业主双方签订相应的合同，工程总承包商需要对所承包的工程项目的工期、安全、质量、成本、环保进行控制和管理，业主则只对项目的总目标、总方向、总要求进行把控，对于项目的具体实施环节参与较少。工程总承包商可根据各工程项目的特点将项目分包给具有不同功能的子承包商，对子承包商交付的工程产品进行质量把控、管理以及验收。

2. EPC 工程总承包模式分类

根据业主的要求和总承包商的承包范围以及项目内容，EPC 工程总承包模式一般可以分为四种(张耿，2019)。

(1)EPC 模式。业主将工程项目的设计、采购以及施工阶段全权委托给 EPC 工程总承包商，总承包商按照业主的要求完成工程，直接交付。EPC 模式结构如图 1.3 所示。

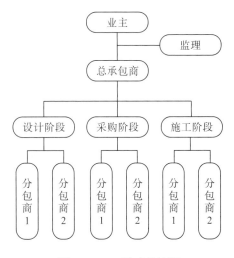

图 1.3　EPC 模式结构图

（2）EPCm（engineering-procurement-construction-management，设计-采购-施工-管理）模式。EPCm 项目总承包商全权负责工程项目的设计阶段以及采购阶段。对于施工阶段，业主委托施工总承包商进行具体的施工，EPCm 项目总承包商需要对施工总承包商进行指导并监督。EPCm 模式结构如图 1.4 所示。

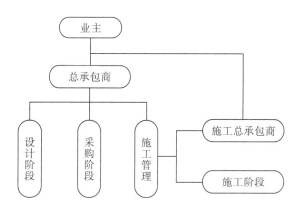

图 1.4　EPCm 模式结构图

（3）EPCs（engineering-procurement-construction-supervision，设计-采购-施工-监理）模式。EPCs 项目总承包商全权负责项目的设计以及采购阶段，并承担施工监理工作。对于施工阶段，由施工总承包商进行具体的施工操作。EPCs 模式结构如图 1.5 所示。

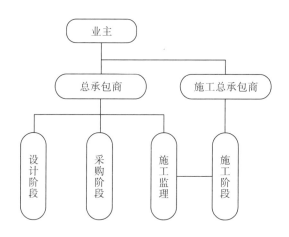

图 1.5　EPCs 模式结构图

（4）EPCa（engineering-procurement-construction-advisory service，设计-采购-施工-咨询服务）模式。EPCa 项目总承包商全权负责工程项目的设计阶段以及采购阶段。与前面三种模式不同的是，EPCa 项目总承包商向业主提供施工咨询服务以供业主更好地管理施工工程，施工总承包商全权负责施工阶段。EPCa 模式结构如图 1.6 所示。

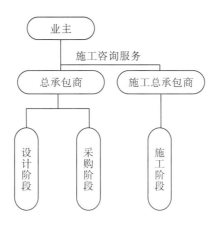

图 1.6　EPCa 模式结构图

目前我国 EPC 工程总承包模式主要采用第一种，即 EPC 模式。

3. EPC 工程总承包组织机构

在 EPC 工程总承包模式下，业主只和总承包商签订承包合同，在具有设计、采购和施工实力的基础上，总承包商可以在业主允许的前提下根据工程的实际情况将部分工程进行分包，并在该过程中同分包商一起对工程的进度、质量、成本负责。EPC 工程总承包模式下的项目组织架构见图 1.7。

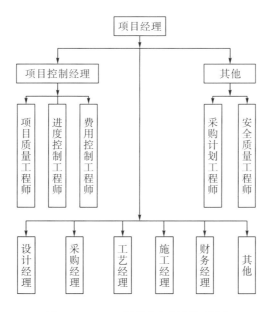

图 1.7　EPC 工程总承包组织架构图

4. EPC 工程总承包模式的优势及局限性

1) EPC 工程总承包模式的优势

(1) 采用 EPC 工程总承包模式可以帮助业主更好地把控项目投资，该模式采取集中招标模式，比传统的各部门单位多次招标效率更高，简化了流程，大大降低了交易开支。另外，该项目所采用的总价合同可以加强业主与承包商的联系，有利于双方更好地进行合作，明确了投资金额，从而可以避免额外费用的产生（吴云梅，2015）。

(2) EPC 工程总承包模式简化了业主的管理模式，减小了业主所应承担的风险。业主只需要与总承包商确定好一个合同，之后便可以委托监理工程师把握项目的大致方向，并且只需要与总承包单位进行对接，这大大降低了合同管理所产生的潜在风险。由总承包商承担绝大部分风险，实施全面负责制度（赵丽乐，2020）。

(3) 采用 EPC 工程总承包模式有利于项目整体的成本优化和设计提升。通过与总承包商直接对接的模式，业主与总承包商之间可以产生总体的经济目标，使其在设计、采购以及施工阶段可以信息互通。有数据表明，设计阶段对工程造价的影响极大，设计的好坏对后期资源的投入会产生决定性的影响，所以总承包商必须要提高设计能力，增加设计阶段的投入。

(4) 采用 EPC 工程总承包模式可以提高效率，在严保项目质量的同时缩短整体工期。在该模式下，总承包商对全流程统一把控和协调管理，将项目各流程衔接到位。在设计阶段开始时，便可以同步进行采购等后期工作，两者同时开始，一并结束，在大大缩短了工期的同时还由于两者之间的有效对接大大提升了采购的质量。与此同时，在设计阶段通过与施工阶段的搭接，可以更好地进行进度的控制，改善施工质量，保障工程质量。总承包商还可以利用其管理优势将主体外的部分工作分包给专业分包商，提高施工工作的效率。

(5) 采用 EPC 工程总承包模式可以将全流程各环节进行优化提升，通过精简各环节，使项目可以更好地开展。在竣工阶段，由于总承包商负责项目的全过程，可以避免在工程结束时出现各单位推卸责任的现象，确保顺利达成项目目标。

2) EPC 工程总承包模式的局限性

(1) 尽管业主通过 EPC 工程总承包模式规避了风险，降低了管理难度，但由于对项目的把控度较低，参与性较差，业主方在总承包商具体实施项目工作时无法做到有效的监管和控制，权力也较为有限，仅能进行阶段性管控。

(2) 由于采用 EPC 工程总承包模式的工程往往投资巨大，带来了一系列管理和技术性问题，这使得业主很难选择可以应对各种挑战的资深承包商，一旦项目出现问题，改换承包商会造成业主巨额的损失，风险极大。这就要求承包商也应具备相当高的素质，在进行风险把控的同时，拥有优秀的融资渠道，资金链稳定，并有成熟的风控机制和完善的管理制度。这些要求会导致合格的承包商数量有限，从而导致投入较大，最终使 EPC 工程总承包项目（后文简称 EPC 项目）的工程造价提高。

(3) 采用 EPC 工程总承包模式会使得单一承包商承担项目所带来的全部风险，风险大且索赔难。EPC 项目合同相较于单独的采购合同或者设计合同要烦琐很多,并包含了各环节的风险。所以对项目进行风险控制的难度大,需要承包商具备良好的资金储备和管理水平。由于总承包方式采取了固定总价的模式,一旦发生天灾等意外情况,承包商很难申请延长工期和进行索赔,这增加了承包商的风险。

(4)尽管 EPC 工程总承包模式仅仅由总承包商一方进行各阶段项目的推进和统筹协调,降低了管理难度并减少了流程环节,但同时增加了数据处理的难度。由于承包方对各阶段的管理和对各方面的涉猎会产生庞大的数据,各阶段的数据表现形式和存储模式各有不同,种类也多样化,这大大增加了总承包方对 EPC 项目信息的管理和存储难度。

(5)通过总承包方,项目各阶段实现了统筹管理,但是当前项目各阶段的搭接尚显不足,设计施工等各个阶段本可以通过 EPC 工程总承包模式在时间上并行运行,从而对工期和成本进行把控,但搭接的不足会对承包方的整体管控能力产生巨大的挑战。

1.2.2　EPC 工程总承包设计

1. EPC 工程总承包设计概念

EPC 工程总承包设计是将整个 EPC 项目分解成不同的任务,具体包括设计、采购、投标竞标、项目设置、操作流程、运作机制、项目管理协调、加工处理等诸多环节。在整个项目中,设计贯穿项目全过程,对费用、进度、质量控制和组织协调等方面有重要的作用。从项目开始到后期运行,都离不开设计,设计是 EPC 项目管理的重要组成部分。

2. EPC 工程总承包设计内容及流程

1)EPC 工程总承包设计内容

项目的设计过程十分重要,该过程的重要作用在于对产品进行描述。设计阶段的图纸很大程度上决定了后期的项目合作环节,具体包括采购、施工及投入运营。

当前,国际大型 EPC 项目在设计阶段任务通常按表 1.4 进行划分(李永福,2019)。

表 1.4　EPC 项目设计阶段任务

参与方	任务	作用
业主	可行性研究	项目立项和投资的依据
业主或总承包商	概念设计、方案设计、初步设计	投标基础和基本技术方案
设备供货商	产品设计	定制产品
总承包商	基础设计、施工图设计、现场服务设计、竣工图	完善方案、开展采购和施工、配合现场、把变更反映到图纸上

2)EPC 工程总承包设计流程

EPC 工程总承包设计流程可分为六个部分。

(1)依据合同的内容确定详细的要求。项目设计的具体要求需要有针对性地制定专门的工作手册，在手册中详细确定每一条设计要求、参数以及工作的程序，经过业主的审核之后予以发布。

（2）明确工作的具体内容。在 EPC 工程总承包模式中，设计计划需要由各专业的设计人员和总体设计人员协商敲定，图纸设计进度和审核进度、计划中各个部门间的关系及计划的时间都必须得到专业人员的认可。

（3）按照业主要求进行设计，并向业主提供详细的资料、图纸等，不管是图纸还是文件，都必须按照相应的版次进行设计。

（4）对文件进行复核，确保其正确无误。EPC 项目总承包企业内部的设计，要配合做好专门的审核工作，审核的模式包括内部审核、不同专业审核及业主方的审核。

（5）形成文件。通过内部审核、业主审核，并且通过政府相关单位和部门审查的图纸和文件，可以作为最终设计文件进行提交。

（6）评估已经完成的工作。

1.2.3　EPC 工程总承包采购

1. EPC 工程总承包采购内容

EPC 工程总承包采购内容具体有三种形式，分别为咨询服务、工程发包和货物采购，其中工程发包和货物采购属于有形的采购，而咨询服务属于无形采购，它们构成了 EPC 工程总承包采购的主要内容。货物采购一般是指采购工程所需要的实体材料，如工程设备、砂石水泥、钢材等材料，这些材料是整个采购的主体，是采购工作的重点内容。工程发包一般就是招标工作，通过一定途径选择工程承包单位。咨询服务的采购一般可以分为四类，分别是项目勘测方面的咨询服务、项目管理和施工监理服务、技术培训和咨询服务、工程设计和招标文件编制等服务，这是咨询服务采购的具体内容。EPC 项目在采购方式上一般就是采用招标和非招标两类（刘国刚，2017）。

2. EPC 工程总承包采购特点

1）项目采购对象较为复杂

项目采购对象较为复杂，有工程类采购，也有服务类采购，而且所采购的物资种类比较多，有材料采购，也有设备采购。项目采购在时间、质量、数量、价格、合同责任、流程等方面都有极其复杂的内部联系，一个项目的所有采购环节之间必须相互协调，环环相扣，形成一个严密统一的体系，才能使采购工作良好运作。

2）项目采购过程较为复杂

一般来说项目采购的过程较为复杂。为了保证采购任务顺利完成、项目目标顺利实现，需要有全面而复杂的招标过程、合同的签订和履行过程、严格的付款程序，以及复杂的催交、运输和检验程序。其中任何一个环节都需要严格化、程序化地把控，不能出现问题，否则将会对整个项目甚至整个企业造成不利的影响。

3)项目采购是动态过程

由于采购计划是项目总体计划的一部分,会随着项目的范围、技术要求、总体的实施计划和环境的变化而改变,并且项目采购计划中无法提供准确时间节点,所以项目采购被视为一个动态过程。不仅如此,项目采购很容易受到外部环境的影响,如分包商、市场价格、自然条件等诸多外界原因所造成的工期延误等,因此项目采购存在很多风险,且这些风险并不是能完全控制的(李永福,2019)。

3. EPC 工程总承包采购流程

EPC 工程总承包的采购工作按照采购时间节点可以大致分为三个阶段,分别是采购前期、采购中期和采购后期。

(1)采购前期是指与业主签订总承包合同后的采购工作部署阶段。首先,项目经理指定该项目的采购经理全权负责设备采购的所有工作,采购经理从采购部人员中选择负责该项目各个采购环节的项目人员,一般包括三名采购工程师、一名催交工程师、一名运输工程师、一名检验工程师和一名综合管理工程师,并且明确他们的工作职责。然后是制定采购计划。采购计划应包括所采购的设备分包清单、人员的分工、采购进度的计划,以及总承包合同中对于设备的特殊要求和技术标准等。这样做可以使采购工作更加明确、具有条理性(李永福,2019)。

(2)采购中期指从设备招标阶段到合同签订阶段,包括设备的询价、供应商的选择、招标和评标过程,在确定中标人后签订设备采购合同。这个阶段是关系到采购成本控制和采购风险控制的阶段。首先需要按照供应商评定和管理流程来选择合适的供应商进行询价并参与设备投标。然后执行严谨的招标和评标流程,在满足业主对设备质量和技术要求的前提下,确定中标供应商。最后是合同审批流程,根据相关法律签订采购合同能最大限度地降低采购成本和采购风险,使采购工作能够顺利进行。

(3)采购后期内容包括付款、设备的催交、设备的运输、设备的检验,以及整个项目采购过程文件的整理与归档。其中催交、运输和检验环节是采购设备能否按时、保质保量地到达指定现场的关键,需要按照流程进行并做好记录。然后是付款审批,需按照合同规定的付款方式付款和审批。待整个采购工作结束后,按照采购计划,将采购过程文件归档并妥善保管,用于体系检查和后期的资料查询。

1.2.4　EPC 工程总承包施工

施工是工程总承包项目建设全过程中的重要阶段,是实现资源的优化配置和对各生产要素进行有效计划、组织、指导和控制的重要过程。

1. 施工阶段的工作内容

施工是指将设计阶段的工程图纸和采购阶段的材料和设备进行生产、拼装组合,将其转化成业主方所需要的项目产品。施工阶段是项目产品形成的最后一个步骤,也是影响产品质量最关键的步骤。

（1）施工前准备。提交项目文件，获得施工现场项目许可。进行施工设备、材料的安装和准备，以及对施工人员的动员和培训，建立施工现场安全管理体制。

（2）施工环节。进行劳务管理、分包商管理；监控施工进度和状态，及时调整施工计划；编制工程质量文件；进行施工成本和预算监督。

（3）施工后清理。施工后剩余材料、施工设备的处理；现场清理。

2. 施工组织机构

EPC 工程总承包施工组织机构如图 1.8 所示。

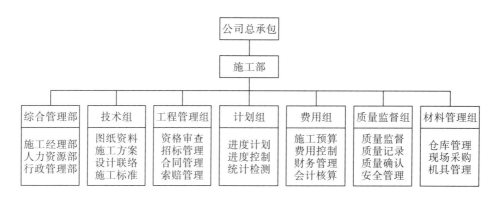

图 1.8　EPC 工程总承包施工组织机构

3. 施工管理内容

1）施工进度

施工进度是指由承包商编制合理的进度计划，经监理工程师审批后，承包商按照计划组织施工。在施工过程中，监理工程师要充分掌握进度计划的执行情况，若发现偏差，及时分析产生偏差的原因和对施工工期的影响，并基于分析结果，督促承包商加强进度管理或采取一定的措施，调整后续工程的进度计划。

施工进度应编制施工进度计划，施工进度计划包括编制说明、施工总进度计划、单项工程进度计划和单位工程进度计划。施工总进度计划需要总承包商确认。

（1）施工进度计划的编制依据包括项目合同、施工执行计划、施工进度目标、设计文件、施工现场条件、供货进度计划、有关技术经济资料。

（2）编制施工进度计划要遵循下列程序：收集资料；确定进度控制目标；计算工程量；确定各单项、单位工程的施工工期和开工、竣工日期；确定施工流程；编制施工进度计划。

2）施工质量

施工质量应是保证工程项目顺利实施的关键，施工质量主要包括以下内容：编制依据、质量保证体系、质量目标、质量目标分解及质量控制；质量保证的技术管理措施；施工过程监测、分析和改进；材料、设备检验制度。

3）施工成本

根据工程项目成本的基本概念，结合 EPC 项目自身的行业特征，EPC 项目成本是指项目实施过程中所耗费的设计、采购、施工和试车费用，以及项目管理部在项目管理过程中所耗费的全部费用，其中包括特定的研究开发费用。EPC 项目成本按项目实施周期可分为估算成本、计划成本和实际成本。

估算成本是以总承包合同为依据，按扩大初步设计概算计算的成本。它反映了各地区工程建设行业的平均成本水平。估算成本是确定工程造价的基础，也是编制计划成本、评价实际成本的依据。

计划成本是指在 EPC 项目实施过程中利用公司设计技术和总承包管理能力，对设计进行优化，科学合理地组织采购和施工，在降低估算成本的基础上所确定的工程成本。计划成本反映的是企业的成本水平，是工程公司内部进行经济控制和考核工程活动经济效果的依据。

实际成本是项目在报告期内实际发生的各项费用的总和。把实际成本与计划成本相比较，可揭示成本的节约或超支情况、考核企业施工技术水平及技术组织措施的贯彻执行情况和企业的经营效果，反映工程盈亏情况。实际成本反映工程公司成本水平，它受企业本身的设计技术水平、总承包综合管理水平的制约。

4）施工安全

建筑工程是事故风险较高的行业，EPC 项目工程规模巨大，工程线路复杂、工序繁多、施工人员众多、工程参与单位多、多为户外作业，施工过程中存在大量的施工风险。因此，针对 EPC 工程，施工安全管理非常有必要。

（1）施工安全管理组织。由于 EPC 项目工程规模较大，为了确保整个工程顺利而安全地完工，EPC 项目总承包商应建立安全管理组织机构，在总包项目经理部下设安全管理部，一般安排安全管理部经理专职负责整个项目的安全。在此机构中，项目经理为安全第一责任人，项目副经理、项目总工为主要管理者，各级管理人员及班组为主要执行者，安全员为主要监督者。施工安全管理组织结构如图 1.9 所示。

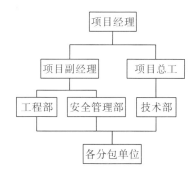

图 1.9　施工安全管理组织结构

(2)施工安全管理控制流程。EPC 项目总承包商对施工安全的管理控制流程如图 1.10 所示。

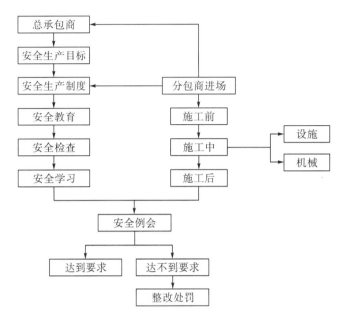

图 1.10　施工安全管理控制流程

(3)施工安全管理制度。施工企业的生产过程具有流动性大、劳动力密集度高、多工种交叉流水作业、劳动强度高、露天及高处作业多、环境复杂多变等特点。这些特点决定了施工的安全难度大,潜在的不安全因素多,因此必须建立严格有效的管理制度。

在 EPC 项目的施工中应建立以下安全生产制度:安全教育制度、班前安全活动制度、安全技术交底制度、安全检查制度、安全警示制度、安全管理制度、安全防护措施制度、现场安全防火制度(动火审批、易燃易爆品的管理)。

5)施工环境保护

结合 EPC 项目工程实际情况,针对工程施工期间面临的敏感环境问题、敏感点和产生的主要环境影响,依照国家、地方环境及相关法规和工程环评报告的要求,确定施工过程中要做的环保工作及具体的工作安排,使施工期的环保工作有序、有效进行,减小施工过程对周围环境造成的不利影响。

(1)施工环境保护内容。EPC 项目工程施工应遵循“以人为本”的原则,以最大限度地减小施工活动给周围群众造成的不利影响为目的,同时注意保护城市资源和文化遗产。由此确定施工期的环境保护目的和保护内容为:①地下文物,一经发现立即报告并保护现场;②大气及大地环境,做到污染物达标排放,尽量减少各类污染物的排放总量,污染物和废弃物的处理、处置要符合法规要求。

(2)施工环境保护管理体系。施工环境保护管理体系如图 1.11 所示。

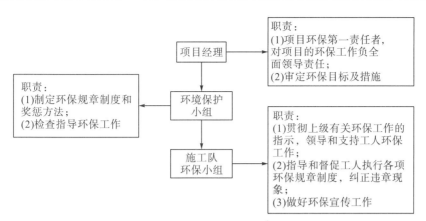

图 1.11　施工环境保护管理体系

1.3　PPP+EPC 项目

1.3.1　PPP+EPC 项目简介

1. PPP+EPC 项目发展过程

国家在 2012 年施行的《中华人民共和国招标投标法实施条例》中对项目投资人的权利进行了明确说明，即以招标形式被选定为政府基础工程项目的投资人，可以独立自主地开展项目生产工作或者可以为其他建筑公司提供生产项目。

根据《中华人民共和国招标投标法实施条例》和《关于在公共服务领域深入推进政府和社会资本合作工作的通知》（财金〔2016〕90 号）的相关规定，已通过招标方式选定的特许经营项目投资人依法能够自行建设、生产或者提供的，特许经营项目投资人可以不再进行招标。

根据《国务院办公厅关于促进建筑业持续健康发展的意见》（国办发〔2017〕19 号）和住房城乡建设部等部门制订的《贯彻落实〈国务院办公厅关于促进建筑业持续健康发展的意见〉重点任务分工方案》，政府投资的基础设施项目应带头推行工程总承包模式，其次，将社会投资人采购与后续采购环节合并进行。

由上述政策可以看出，特许经营项目的投标获得人可以依法自行建设的"两标并一标"操作方式也为 PPP+EPC 模式的合理应用提供了一定的法律及政策依据，国家层面鼓励将 EPC 模式应用于 PPP 项目中。

同时，海外工程承包市场的激烈竞争使传统建筑承包商的角色向提供一体化服务的投资商转变，将 EPC 和 PPP 模式相结合的"建营一体"模式受到业主的青睐。在国内市场，PPP 融资模式只在一定程度上解决了社会资本参与部分公共事业的问题，将 PPP 与 EPC 工程总承包模式相结合才能更大程度吸引社会闲置资本。PPP+EPC 模式并非 2014 年以来 PPP 大发展背景下诞生的一种全新的项目操作方式，在之前的一些特许经营项目中，通过一次招标确定投资方和建设承包方的案例并不罕见。比如，在 2009 年重庆沙坪坝至观音桥的渝蓉高速公路项目中，中国铁建股份有限公司通过招投标程序同时成为项目的投资人与工程总承包人；2007 年贵阳至都匀的高速公路项目中，中国交通建设集团有限公司通过招投标程序，成为该项目的投资人与工程总承包人。

EPC 工程总承包模式与目前大力推行的 PPP 模式有着天然的契合度，PPP+EPC 模式应运而生。两种模式的有机结合有利于对项目的建设成本和运营成本进行统筹考虑，进而能够实现对眼前利益和长远利益、经济利益和公共利益的有机统一，同时可利用 EPC 工程总承包模式的优势缩短建设周期，降低投资风险。

2. PPP+EPC 模式定义

PPP+EPC 模式是指 EPC 工程总承包商通过 PPP 投融资的方式介入政府部门提供的特许经营项目，在工程建设阶段实施设计、采购、施工(EPC)总承包模式，项目建成后通过特许经营协议实施运营和维护，提供优质服务，获得相应回报，在约定周期后将设施移交给政府部门或其指定机构。这种模式是社会资本与工程建设深度融合，契合了当前新型社会资源调配方式，是实现项目资源最优配置、风险控制最合理的一种投资经营方式。

PPP+EPC 模式是对工程建设项目进行全生命周期管理的新形式。PPP 模式流程包括前期准备、施工建设、移交运营三个阶段，EPC 模式主要参与项目的施工建设阶段，包括设计、采购、施工等内容。基于项目全生命周期理论，两种模式在时间阶段、工作内容及利益相关者方面具有可融合性。从时间阶段角度来看，PPP 项目是 EPC 项目阶段的前向延伸，增加了项目融资准备阶段；从工作内容角度来看，EPC 模式可包含于 PPP 模式之中，是 PPP 模式施工建设阶段所包含的工作；从利益相关者的角度来看，两者共同的参与方包括设计单位、承包商和供应商等。

3. PPP+EPC 模式特点

PPP+EPC 是一种新型的复合型投融资项目管理模式，与一般模式下的基础设施项目不同。与传统单一的融资模式或建设模式相比，PPP+EPC 模式结合了 PPP 和 EPC 两种模式的优势，更加适应现代化建设需求。PPP、EPC 及 PPP+EPC 三种模式特征对比结果如表 1.5 所示。

表 1.5 PPP、EPC 及 PPP+EPC 模式特征

项目	PPP	EPC	PPP+EPC
参与主体	政府投资方	项目公司	政府、投资方、项目公司、总承包商
性质	投融资模式	项目管理模式	复合型投融资项目管理模式
全生命周期(以 BOT 为例)	建设-运营-移交	设计-采购-建设	前期准备-建设(设计、采购、建设)-运营-移交
收益来源	运营阶段	建设阶段	建设阶段及运营阶段
控制主体	项目公司	总承包商	项目公司、总承包商
管理方式	被动、单一	被动、单一	主动、多元化
管理难度	难度较大、项目周期长、涉及利益方多、没有统一的控制方式	难度相对较小、不确定因素少，通过固定总价和合同进行风险控制	难度最大、项目周期长、涉及利益方多且人员复杂、没有统一的控制方式
管理积极性	缺乏积极性，达到合同要求即可	缺乏积极性，达到合同要求即可	富有积极性，要求共同利益

PPP 模式为社会资本进入公共产品或服务领域提供了平台,EPC 工程总承包模式使投资人获得了更高的投资收益率。PPP+EPC 模式将 PPP 融资模式与 EPC 工程总承包模式的优点相结合,减轻了政府投资建设基础设施的财政压力,提高了对项目全生命周期各个环节的把控能力,降低了政府部门项目投资风险,提高了项目的运营效率和质量,积极地引导并推动了社会发展与改革。因此,PPP+EPC 模式具有以下优势。

1)开辟社会新型融资渠道,减轻政府财政压力

为了提高人民生活水平和改善居住环境,基础设施建设不断增加,政府面临的财政压力也越来越大。推进城镇化、修缮老旧设施、满足新进入城镇的居民的公共需求,以及完善公共服务缺失或供给不足地区的基础设施等,都是政府部门面临的挑战。社会资本进入 PPP 项目可以减轻政府部门投资建设基础设施的财政压力,社会资本在缓解建设资金压力的基础上通过 PPP 项目获取适当的投资回报。PPP+EPC 模式中社会资本方统筹设计、施工及运营等环节,长期收益与短期效益相结合,增强了项目对社会资本的吸引力(陈兴科,2018)。

2)优化项目全生命周期的要素整合

PPP+EPC 模式是项目"投资-设计-建造-运营"一体化的过程。PPP+EPC 模式可以促使企业产业链向前期准备及融资阶段延伸,将融资、设计、采购、施工和运营相融合,充分发挥投资人或联合体管理优势,使其在项目管理中能够更加宏观地把握项目进度、成本、质量及安全,有利于整个项目的统筹规划和协同运作,实现项目全生命周期管理。

3)PPP+EPC 模式下的设计方案更加合理

在项目既定目标下,PPP+EPC 模式前期的规划、勘察及测量等工作要求必须更加精细,设计、采购、施工都可以在一个项目公司宏观控制下完成,技术人员可以相互交流,设计规划方案衔接更经济、更精细、更合理,也更加易于实施。

4)提高项目质量和效率

PPP+EPC 模式能够有效地控制项目质量和进度,对质量进行全方位把控,总承包单位通过先进的管理信息技术,参与整个项目,对项目进行全方位、动态及科学的调整和管理。在项目全生命周期内,不断地优化资源和整合要素,充分调动各参与方工作积极性,共同追求项目低成本、高效率,提高服务质量,使项目成本目标、质量目标、工期目标达到最优化。

5)提高社会资本的经济效益

在 PPP+EPC 模式中,社会投资人既是投资人,又是总承包商,多重角色迫使投资人在满足使用需求的情况下更精细、经济地设计规划。在该模式下,项目建设成本、运营成本、维修和翻新成本以及私营机构的融资成本统称为 PPP 合同约定成本,使 EPC 模式在建设施工、技术、运营管理等方面的相对优势得以充分发挥。PPP 合同约定成本会小于公

共部门独立开展项目时的相应成本，企业经营利润相对提高，保证项目总体利益的最大化（王迎发等，2018）。

6）降低项目投资风险

PPP+EPC 模式可以使企业产业链向前期准备及融资阶段延伸，能较好地将项目的投资、工期、质量控制在最合理的范围内，使 PPP 项目的总融资及资金链有目标计划，能够合理配置整个项目各阶段的资金，使资本发挥最大效能并规避通货膨胀、利率等风险，较好地保证项目实施。同时，在科学设置相关机制的情况下，有助于使投资人主动承担成本控制的风险，产生成本节约的动机。另外，也有助于降低项目建设招投标风险、工程管理的质量风险、安全风险和廉政风险等全过程风险。

1.3.2 PPP+EPC 项目结构

由政府授权机构或具备 EPC 工程总承包资质的社会投资人作为 PPP 项目的发起人，保险公司提供必要的担保，商业银行和融资租赁公司、信托机构等金融机构参与 PPP 项目贷款，共同推动 PPP 项目实施。在项目公司成立后，中标的 EPC 项目总承包商直接与项目公司签订 EPC 工程总承包合同，EPC 项目总承包商可全部自行实施工程的设计和施工业务，也可将工程的全部设计或者全部施工业务再发包给具备相应资质条件的设计单位、施工总承包单位，根据与项目公司签订的承建合同进行项目建设。项目公司按照运营合同，组织团队和负责建成后特定工程或项目的运营，运营公司通过与项目公司签订运营合同获得约定的项目收益。项目公司按期向金融机构支付借款本息。在项目运行期内，各方按照约定，共担风险，共享盈利和相关的权利。项目结构如图 1.12 所示。

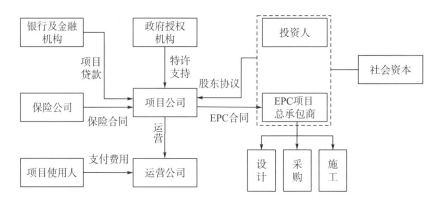

图 1.12 PPP+EPC 项目结构

在 PPP+EPC 模式下，项目参与方包括政府部门、EPC 项目总承包商、项目公司、分包商、供应商、金融机构及保险公司等，其中主体是政府部门和 EPC 项目总承包商。政府作为项目发起者、监督者及合作者,通过招标方式确定业主方作为项目投资者,确定 EPC 项目总承包商作为项目承建者(管晓晴,2019)。

(1)政府部门。政府是基础设施项目的最终拥有者,项目实施过程中,政府部门不仅是项目的监督管理者,也是特许经营权的授予方。政府部门的态度、相关政策法律以及政府部门的信用与合作程度影响着项目的成败。

(2)总承包商。PPP+EPC 模式中总承包商以社会资本身份获取项目特许经营权,与政府方出资代表组建项目公司,同时由于其具备工程总承包资质,可依法承包项目建设工作,并作为运营商负责运营阶段工作。在项目实施过程中,总承包商应兼顾多重身份的利益需求,充分考虑项目投融资、建设及运营阶段的风险,对项目风险进行有效管理、合理分担。

(3)项目公司。项目公司是由政府和社会资本共同出资依法设立的具有独立法人资格的经营主体,主要负责项目融资、建设、运营和移交等工作,应配合相关部门对项目各阶段工作进行监督管理。

(4)分包商。PPP+EPC 模式中项目总承包商可以在工程建设过程中依法将部分工程分包给具有相应资质的分包商,并承担工程分包所带来的项目风险。

(5)供应商。项目实施过程中原材料设备质量是否合格、供应是否充分及时对项目有很大影响。建设期总承包商应依法承担项目建设阶段的供应风险,运营期的运营商(即总承包商)应依法承担项目运营阶段的供应风险。

(6)金融机构。金融机构包括商业银行、非银行金融机构及信托投资机构等。PPP+EPC 模式中基础设施项目前期资金需求量大,大部分资金需要通过项目公司融资获取。一般情况下,项目公司主要是以项目公司的资产及项目未来的收益作为项目还款的保证,向银行贷款,获取项目融资资金。

(7)保险公司。项目投保是分散和转移项目风险的有效方式,项目利益相关方选择部分风险向保险公司投保,通过向保险公司支付一定的保险费,将该风险转移给保险公司,降低项目自身可能出现的损失。

1.3.3　PPP+EPC 项目运行流程

PPP+EPC 项目运行流程包括项目识别、项目准备、项目采购、项目执行(设计、采购、施工)和项目移交五个阶段。PPP 项目实施流程为项目识别、项目准备、项目采购、项目执行及项目移交,EPC 工程总承包模式则融入项目执行过程中,主要体现在设计、采购、施工阶段,形成项目全生命周期管理流程,流程图如图 1.13 所示。

从项目全生命周期的角度分析,EPC 项目的主要工作周期可包含在 PPP 项目执行阶段,如图 1.14 所示。

PPP+EPC 项目运行流程与 PPP 项目运行流程相差不大,PPP+EPC 项目运行流程的特点是将设计、采购及施工融入项目执行阶段,其他阶段与 1.1.3 节所述内容相同,本节不再详细阐述。

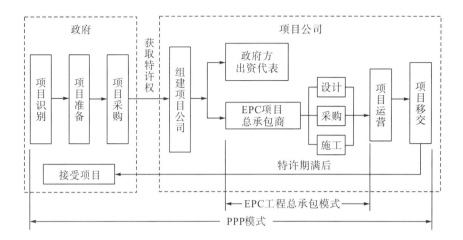

图 1.13 PPP+EPC 项目运行流程图

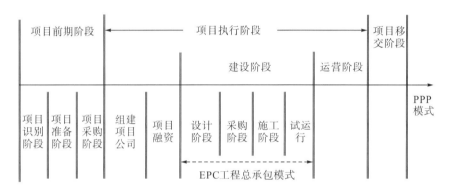

图 1.14 PPP+EPC 项目全生命周期图

1.4 本 章 小 结

本章阐述了 PPP 项目的定义、结构、流程及运作模式，介绍了 EPC 项目的概念及分类，详细概述了 EPC 工程总承包设计、采购、施工的内容，界定了 PPP+EPC 项目概念、结构及流程。

（1）阐述了 PPP 定义，分析了 PPP 项目特征及优势，介绍了 PPP 项目结构，主要由政府机构、社会资本、保险公司、融资机构及承建商组成；PPP 项目运行流程包括项目识别、项目准备、项目采购、项目执行和项目移交五个阶段，划分了 PPP 项目运作方式类别。

（2）介绍了 EPC 工程总承包定义及分类，分别从设计、采购、施工三个方面概述了 EPC 工程总承包的主要内容及相关流程。

（3）界定了 PPP+EPC 项目概念，介绍了 PPP+EPC 项目特点，概述了 PPP+EPC 项目结构，包括政府部门、EPC 项目总承包商、项目公司、分包商、供应商、金融机构及保险公司等，并介绍了 PPP+EPC 项目运行流程。

第2章 建个元高速公路 PPP+EPC 项目管理

2.1 建个元高速公路 PPP+EPC 项目介绍

2.1.1 项目概况

1. 项目背景

红河州建水(个旧)至元阳高速公路项目(简称建个元高速公路项目)属于云南省"五网"建设和综合交通建设"五年大会战"的重点项目，是红河州全面落实云南省"融入滇中、联动南北、开放发展"三大战略，云南省规划"五纵五横一边两环二十联"中曲靖—呈贡—通海—建水—元阳的重要组成部分。该项目能解决滇南地区的交通快速通道不足等问题，实现打通本区域北上、南下的大通道及优化区域路网结构，致力成为我国面向东盟开放的重要交通纽带，对带动区域经济发展、促进民族团结等具有重要意义。

建个元高速公路项目位于云南省南部山区，跨越红河州蒙自市、建水县、元阳县、个旧市，线路由建水至元阳段和个旧至元阳段组成，建设里程 124.530km。建水至元阳段为本项目主线，起于鸡石高速庄子河附近，设庄子河枢纽与鸡石高速相接，经苟街镇、尼格温泉、龙岔、坡头乡，止于元阳县西北侧呼山，设呼山枢纽与元蔓高速相接，路线长 73.403km。个旧至元阳段为本项目支线，起于新鸡高速蚂蟥塘节点，设蚂蟥塘枢纽互通与新鸡高速、鸡羊高速连接。经乍甸、个旧北、普洒河、丫沙底，止于建水至元阳高速尼格温泉附近，设尼格枢纽与建水至元阳高速相接，路线全长约 51.127km。

2. 项目建设重难点

建个元高速公路项目作为典型山区高速公路项目，被认定为云南省目前建设难度最大的高速公路项目之一，建设条件复杂，管理存在较多重难点。

(1)山区高速公路项目建设条件复杂，且作为典型线性工程，管理重难点多。该项目投资额巨大，不易管理控制。项目投资额约为 227.7 亿元，其中建安工程费为 183.07 亿元，占总费用的 80.4%。项目前期需要注入的资本金额度高，后期需要承担的利息债务风险大，且项目运营期的经济指标预测等工作要求高，若不详细评估并提前预防和控制，易增加项目投资控制风险。

(2)建设周期长，管理跨度大。高速公路 PPP+EPC 项目建设期普遍为 3~4 年，且还存在数十年的运营期，跨越了前期筹备、设计、施工、运维等阶段。现阶段施工企业对于传统承包模式虽已运用较为成熟，但在前期策划和设计管理能力方面尚有欠缺。

（3）前期线路勘察设计工作不易开展。项目线路长，结构物数量多，规划布设工作量大且工点分散，多数位于无路、无人的高山深谷区，部分隧道地处山体陡峭位置，桥梁多位于狭长陡峭沟谷地带，岸坡陡，给项目线路设计和现场勘探等工作带来巨大的挑战。

（4）全程纵坡设置长，挖填方极不平衡。施工过程中合理调配土石方、规避高危弃土场、做好环境保护与水土保持是本项目一大管理重点。

（5）主体结构布置难，施工难度大。项目路堑高、边坡多，最大高度达 74m。大多桥梁结构物场地布置狭窄，且高墩数量多，全线高度大于 40m 的墩柱 357 个，最高墩达 123.5m。桥梁还包括设计基准风速为 35.5m/s、主跨长为 700m 的悬索桥，以及连续钢构桥和高度超过 120m 的高墩顶推施工钢混组合梁桥。隧道存在高地温、软岩大变形、岩溶、突泥涌水、浅埋（埋深最低 6m）、偏压等不良地质条件，且含 2 座长度近 9km 的公路隧道，其中一座为长度超过 4km、降高差近 120m 的螺旋展线型隧道，另一座为岩体平均温度为 70℃、最高温度为 88.8℃的高地温及有毒有害气体隧道，技术难度大，工期时间紧，安全风险大。

（6）项目参与方众多，协调难度大。项目参建方众多，管理水平要求高，技术、质量、安全等各大管理板块难以统一进行标准化管理；项目沿线存在多处基本农田、特高压区、饮用水源一级保护区、军事区、温泉区、矿区及风景区等敏感区域，征地拆迁等工作协调也是项目的一大难题。

2.1.2　项目结构

结合建个元高速公路项目特点，项目采用 PPP+EPC 模式实施。云南省红河州人民政府授权红河州交通运输局担任实施机构，授权红河州高速公路开发投资有限责任公司代表政府出资，红河州交通运输局与中国电力建设股份有限公司签署 PPP 项目合同，中国电力建设股份有限公司授权中电建路桥集团有限公司与红河州高速公路开发投资有限责任公司组建项目公司（SPV），同时中电建路桥集团有限公司与项目公司签订合同，成为 EPC 项目总承包商。在该模式中，引入某公路发展集团有限公司和某投资有限公司为社会投资人，具体模式如图 2.1 所示。

2.1.3　项目运作方式

综合当地经济、法律及政策因素，根据建个元高速公路项目自身特点，结合项目投资收益及风险，本项目采用建设-运营-移交（BOT）的运作方式。政府授予项目公司特许经营权，由项目公司负责项目勘察设计、投融资、建设、运营及维护，并在合作期满后将项目所有设施无偿移交给政府。项目公司通过特许经营协议在规定时间内经营项目获得收益，特许经营期结束后，项目移交给地方政府。特许经营权包括投资建设权、运营期的收费权、公路附属设施经营权等。特许经营期（合作期）分为建设期和运营期两个阶段，合作期限为 33 年。其中，建设期为 3 年，运营期为 30 年。项目公司通过使用者付费和可行性缺口补助获得合理回报，政府在运营期提供可行性缺口补助。

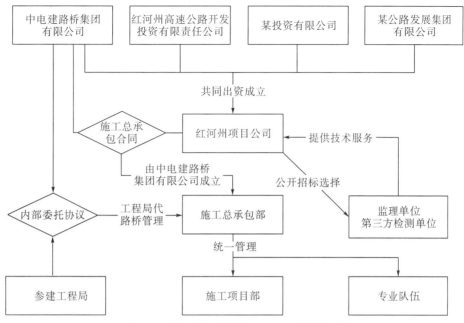

图 2.1　建个元高速公路 PPP+EPC 项目结构

2.1.4　回报机制

1. 回报方式

本项目收益回报方式为使用者付费(包括通行服务收入和非通行服务收入)和可行性缺口补助。

1)使用者付费

(1)通行服务收入。本项目通行服务收费标准实行云南省交通运输厅定价管理,在合作期内,如适用法律发生变更,从其规定。在合作期内,根据适用法律和社会经济发展状况,本着同网同价的原则,价格主管部门有权制定并调整通行服务收费标准。

(2)非通行服务收入。乙方经营授权范围内的非通行服务取得的收入均为非通行服务收入。经营收入主要包括项目沿线服务区、加油站、广告牌及仓储物流等收入。按照项目设计的服务区、加油站以及预期交通量并参考周边高速公路的经营状况进行收入预测。

2)可行性缺口补助

按照债务资本、社会资本全覆盖的原则,根据《财政部关于印发〈政府和社会资本合作项目财政承受能力论证指引〉的通知》(财金〔2015〕21 号)确定的项目可行性缺口补助计算方法测算运营期政府补助。

在运营期实际交通量低于双方协议约定的基本交通量时,由社会资本承担低于基本交通量部分的风险和相关费用;当实际交通量低于基本交通量且基本交通量低于盈亏平衡点交通量时,政府对盈亏平衡点交通量与基本交通量的差额部分给予补助;当实际交通量高于基本交通量且低于盈亏平衡点交通量时,政府对盈亏平衡点交通量与实际交通量的差额部分给予补助。

2. 超额收益共享机制

本项目引入价格和补助动态调整机制,充分考虑社会资本获得合理收益,同时设置超额收益共享机制。

1)社会资本收益

在项目运营期内,优先保障社会资本投资收益;当实际车流量达不到盈亏平衡点交通量时,政府对项目资金缺口给予补助,保障社会资本的投资收益;当 PPP 项目发生超额收益时,按照社会资本投资加项目融资占项目总投资的比例分配超额收益。

2)政府投资收益

在项目运营期实际车流量达不到盈亏平衡点交通量、无超额收益时,政府持股和持有资本公积的部分不参与收益分配,同时也不按照持股比例承担偿还金融机构贷款、专项建设基金及债券本息的责任;当项目发生超额收益时,按照政府持股和持有资本公积部分占项目总投资的比例分配超额收益。

2.2　建个元高速公路 PPP+EPC 项目公司管理

2.2.1　项目公司组织架构

1. 组织管理模式

由中国电力建设股份有限公司授权子公司与政府出资人红河州高速公路开发投资有限责任公司共同出资组建项目公司。根据施工重点、难点及工期要求,建个元高速公路项目建设期施工组织采用"项目公司-总承包部-项目部"三级管理组织架构。在建设后期,项目公司成立运营筹备组,筹备试运营期项目的运营管理、养护等相关事宜,项目进入运营期后,拟采用成立运营公司或委托专业机构的一级管理组织架构,具体架构见图2.2。

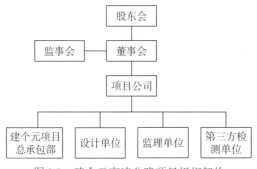

图 2.2　建个元高速公路项目组织架构

2．项目公司机构设置

1）项目公司

项目公司为中电建红河州建个元高速公路有限公司,注册地及办公地点选址为云南省红河州蒙自市。

2）股东及股权比例

项目公司股东代表为红河州高速公路开发投资有限责任公司、中电建路桥集团有限公司、某公路发展集团有限公司和某投资有限公司。

3）注册资本金

项目公司初始注册资本金为 2 亿元,其中红河州高速公路开发投资有限责任公司投资 400 万元、社会投资人投资 1.96 亿元。后续项目资本金根据工程建设进度由股东按股比分期注入。

4）组织机构及人员构成

拟设定董事会 7 人,红河州高速公路开发投资有限责任公司推荐 1 人,社会投资人推荐 6 人,董事长为项目公司法定代表人,监事会 3 人、经营管理层 8 人。

结合项目特点,设置计划合同部、工程管理部、财务管理部、综合管理部、质量安全部、征地拆迁部六个部门。

项目公司根据项目开展和实际工作需要,适当增加或减少人员。最终机构设置方案由项目公司股东会研究确定,组织机构如图 2.3 所示。

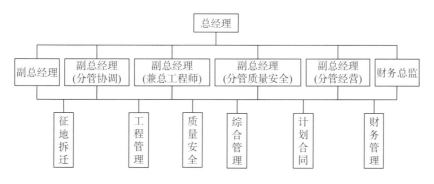

图 2.3　建个元高速公路项目组织机构

3．项目组织机构部署

1）项目公司

项目公司的工作以项目建设、项目投融资管理、征拆协调、设计、监理、第三方检测管理为主,由中电建路桥集团有限公司负责组建,接受中电建路桥集团有限公司、项目公司董事会、当地政府及行业主管部门管理。

2) 施工总承包部

施工总承包部由中电建路桥集团有限公司负责成立,各建筑企业接受中电建路桥集团有限公司邀约,配置资源组建总承包部,各建筑企业代中电建路桥集团有限公司履行工程施工总承包各项职能。施工总承包部负责施工全过程质量、安全、进度、成本、文明施工、征拆协调等工程履约管理工作,接受中电建路桥集团有限公司、项目公司、监理、质检站、第三方检测、当地政府及行业主管部门管理,并做好与设计单位的对接与沟通工作,督促和协调各项目部按合同履行各项职责义务。

3) 设计单位

通过公开招标,在全国范围内选择优秀的工程勘察设计单位,承担建个元高速公路项目勘察设计、初步设计、施工图设计任务。

4) 监理单位

通过公开招标,在全国范围内选择具有丰富经验的、满足资质且能力出众的监理单位,在同等条件下优先选择当地监理单位。

5) 第三方检测单位

通过公开招标选择。

6) 施工项目部

土建工程:通过邀请招标方式选择系统内资信较好的、满足资质要求的子公司负责施工。

专业分包工程:依法公开招标,选择资信、能力满足工程要求的专业单位。

7) 项目运营

试运营期,项目公司拟成立运营筹备组,负责项目的运营管理、养护等相关事宜,待项目进入运营期后,拟成立运营公司或委托专业机构进行项目的运营管理及养护工作。

2.2.2　项目公司管理机构职能定位

1. 项目公司

项目公司为项目勘察设计、建设、运营的责任主体。通过招标选择合适的施工方、监理方和第三方咨询机构,以合同和管理规定的形式向乙方下达目标指令,同时为相关各方服务,协调参与各方的关系,并按合同约定支付工程款。

建设期：行使建设职能，代表股东进行项目投融资、勘察设计、建设。

运营期：遵守云南省高速公路统一管理的要求，服从云南省联网收费模式、收费系统技术标准、收费业务流程和管理规定，负责运营、养护维护、债务偿还和资产管理，并在特许经营期满后将项目及全部设施无偿移交给政府指定机构。

2. 总承包部

(1)由中电建路桥集团有限公司授权成立总承包部，负责授权范围内的施工任务并完成项目的质量、安全、进度、成本、环境保护、文明施工、科技创新"七位一体"的管理，实现履约并达成项目的既定目标。

(2)各建筑企业接受中电建路桥集团有限公司邀约，配置资源组建总承包部。总承包部是项目施工责任主体，对项目施工方不能履约负主体责任；负责对施工项目部、专业分包队伍的考核、整改等；参加项目公司、设计单位、监理单位组织的图纸会审和技术交底；监督甲控物资、设备的采购工作；做好税务策划与管理；向项目公司、监理单位报送资料、报表等；及时结算，按时支付工程款；负责协助完成交工、竣工验收及交工后缺陷责任期的工程修复工作。

3. 施工项目部、专业分包

(1)接受和服从施工总承包部的管理、监督和检查，主要负责合同范围内的工程项目的全面履约。

(2)建设期，应根据主合同、施工图纸、设计要求及总体施工进度的安排，组织人、材、机等资源，进行税务策划与管理；配合责任范围内的征拆协调；购买团体人身意外伤害险等，以降低建设风险可能带来的损失；协助施工总承包部完成验收交接工作，并在接收证书颁发前，负责工程的照管和维护；负责清理施工现场以及缺陷责任期内的修复工作；配合审计，承担责任范围内的审计风险。

(3)取得施工总承包部委托授权后，方可对外进行联络。

4. 设计单位

设计单位将其技术优势和资源优势融入初步设计、施工图设计、设备选型采购、施工方案、调试运行等各个建设环节，使项目建设始终处于及时、有力的技术支撑之下。促进设计、施工的融合，使设计、施工等工作有机地组织在一起，确保项目质量始终处于系统、可控的状态，充分发挥设计在项目建设中的主导地位。

5. 监理单位

监理单位主要职能为"四控""两管""一协调"，即以质量管理、安全文明施工为中心，协助项目公司进行投资控制，监督总承包部进度；做好信息和档案资料管理。对于建设期出现的各类问题，通过协调会、安全例会、质量例会等各种方式，建立良好的沟通渠道，及时协调项目公司、施工总承包部、专业分包之间的关系。

6. 第三方检测

以质量管理为中心，协助项目公司进行监督、管理。

2.2.3　项目公司组织及人才管理

1. 项目公司组织管理

在 PPP+EPC 模式的项目全生命周期中，项目公司组织管理能力是影响项目实施的关键因素。为提高 PPP+EPC 模式下项目公司的管理能力，从管理制度、监管体系及资源整合方面介绍相关措施。

1）明确 PPP+EPC 模式管理责任，构建新型管理体系

（1）树立市场化管理理念，明确 PPP+EPC 模式管理责任体系。PPP+EPC 模式下，应提高对项目公司管理的认识，摆正位置，按照出资比例和对应的控制权对项目公司进行市场化、公司化管理。明确 PPP+EPC 模式中全过程管理职责，制定相应的项目公司管理办法，明确划定公司管理人员的职责范围，严格按照合同执行相关职责，区分"业主"和"工程总承包管理人员"，严格执行项目公司的管理流程和决策程序，以确保 PPP+EPC 模式正常运转，推动项目融资和工程总承包有序开展。

（2）工程项目规划和策划管理。项目公司成立后应编制项目公司经营策划书，EPC 项目总承包部成立后项目经理或分管经理组织编制项目组织策划书、技术质量策划书和经营管理策划书。为保证策划工作质量，企业应制定策划书的分级评审和审批流程。策划书在实施过程中应实行动态管理，合同条件变更后要及时调整有关内容，项目实施过程中要保证策划书对实际工作的指导性。

（3）设计和采购管理。PPP+EPC 模式下要求项目公司必须要与设计单位、材料供应商和设备供应商三者在业务管理上深度融合。项目公司必须制定设计管理制度，完善已有的物资和设备采购管理制度。明确项目公司及 EPC 项目总承包部在方案设计、初步设计、施工图设计等不同阶段的管理职责和分级评审、确认流程；将工程设备采购、设计、监理单位选择纳入项目公司集中招标管理体系。施工方、设备供应商与设计单位要协同工作，保证设计质量、提高工作效率的同时也可以通过设计优化充分发挥 PPP+EPC 模式的优势。

2）加强项目公司监管体系和考核制度

不断加强对项目公司和项目的实际控制力度，制定全过程监管框架，全程跟踪和实时监管项目公司运行情况；也可以在项目公司和总承包管理部成立时在其管理层设置相应管理人员，不断加强对建筑企业的控制权和监管力度，实现对项目公司监管和项目全过程管理的目标。

建立针对 PPP+EPC 项目的目标责任考核制度，设置过程风险预警指标，通过报表系统反映的指标完成情况对项目进行分级预警监管；同时由企业主要负责人组织中国电力建

设股份有限公司相关部门对项目的现场过程进行考核,考评细则根据企业不同时期重点推进的工作动态调整。对检查考评结果及时进行分析,查找原因,促进企业在 PPP+EPC 模式下管理水平的不断提升。

3) 加强协作管理,提高整合资源的能力

PPP+EPC 模式下,需要提高传统总承包商在项目投融资、项目规划、勘察、设计、采购、施工及运营等方面的综合管理能力,提升资源整合效率。可以设立专门的资源协作管理部门,负责管理除专业和劳务分包资源之外的勘察设计、施工等,同时要建立与供电、供水及电力等公用事业管理部门的沟通机制;设立投融资管理部门,负责管理市场咨询、银行、信托、基金等社会资源;建立物资设备采购中心,负责除建筑材料供应商外的工程设备供应商的管理;市场管理部门应完善对联合体协作方的管理制度。

2. 项目公司人才管理

PPP+EPC 模式是对项目进行全生命周期管理,因此构建适应 PPP+EPC 模式的人力资源管理体系对企业保持创新活力和健康发展至关重要。

项目公司从人才引进、人才发展、队伍建设及资源配置等方面构建满足 PPP+EPC 模式的人力资源管理体系,培养全方位复合型人才,充分发挥资源的最大效能。

1) 培养 PPP+EPC 项目全生命周期管理理念

PPP+EPC 项目流程包括项目识别、项目准备、项目采购、项目执行(设计、采购、施工)和项目移交五个阶段,这是一个完整的全生命周期过程。PPP+EPC 模式不同于以往建筑企业单一的项目施工管理模式,该模式要求建筑企业加强对现有人才的培训,从原来单一的施工思维转变为融资+工程总承包(业主+承包商)的全生命周期过程管理思维;同时制定 PPP+EPC 项目全生命周期管理文件,定期组织学习分享交流会,使项目公司员工尽快适应 PPP+EPC 新模式。

2) 加强人才储备,培养全方位人才

在 PPP+EPC 模式中,在项目投融资中需要专业型金融人才,在建设过程中需要专业型的建设人才和队伍,在项目后期运营中需要运营人才。如果金融专业人才和运营人才等储备不足,则会使建筑企业在投融资和运营过程中遇到阻碍。因此,建筑企业应制定专项人才引进计划,拓宽人才引进渠道,不断加大对专业化投融资人才、工程管理人才及运营人才的引进和储备;同时,项目公司在内部采取激励措施,通过引进专业人才,带动企业内部人才能力提升,并通过不同专业人才的融合,在内部培养一批既懂金融又懂工程的全方位综合型人才(岳亚军等,2018)。

3) 完善人才培训体系,提升人才质量

项目公司根据工程项目特点和公司发展情况,制定科学合理和形式多样的人才培训体系。针对不同层次、不同专业、不同级别的人才制定培训计划,设计各层次人才的发展路径，以快速适应 PPP+EPC 模式。与高校和培训机构等开展长期合作，定期输送投融资人才、运营人才等进行专业化学习和培训；同时，通过将相关人才派驻到 PPP 项目等方式，促使其通过实践积累多方面经验，提高综合能力，从而促进建筑企业人才队伍整体能力的快速提升。

2.3　建个元高速公路 PPP+EPC 项目风险管理

建个元高速公路项目具有规模大、投资大、周期长、建设参与方多、露天作业、生产的单件性和复杂性等特点，其建设过程中所面临的影响因素多，导致项目风险大。PPP+EPC 模式是一种比较复杂的项目全生命周期管理过程，PPP+EPC 项目有很强的行业性和地域性，风险影响因素因地而异。总体而言，PPP+EPC 项目全生命周期内主要风险包括合同风险、政策风险、法律风险、融资风险及运营风险等。项目风险具有以下特点。

（1）复杂多变性。PPP+EPC 模式组织结构复杂，导致风险因素较为复杂，项目风险种类繁多。当项目影响因素发生变化时，引起风险因素发生概率及影响程度改变，同时可能会产生新的风险因素。风险因素具有动态易变性。

（2）阶段性和层次性。PPP+EPC 项目流程较多，每个阶段风险具有阶段性特征。另外，项目风险可以分为系统性风险和非系统性风险，细分为政治风险、融资风险及运营风险等，具有明显的层次性特征。

（3）易受政府影响。PPP+EPC 项目受外界的政治、经济、社会环境影响，项目获取的政策支持和经济补贴由政府提供，项目用地的获取及征地拆迁等工作需要政府的支持，所以项目受政府影响较大。

（4）全生命周期性。项目风险因素贯穿于项目全生命周期各个阶段，由于项目合作期长，项目风险因素繁杂，全生命周期项目风险管理将是项目顺利实施的关键。

2.3.1　合同风险

PPP＋EPC 项目合同是整个项目的基础和核心，政府方与社会资本的权利义务关系以及整个项目的交易结构、风险分配机制等均通过项目合同确定。在政府实施机构与社会资本方 10～30 年的合作期内，项目合同既是建立合作关系的纽带，也是主张权利和履行义务的重要依据。因此，PPP＋EPC 项目合同尤其重要。

1. 合同体系

PPP＋EPC 项目参与方主要包括政府方、社会资本方(EPC 项目总承包商)、融资方、保险公司等。根据本项目的运作方式、交易结构等项目基本情况，项目实施过程中主要包含两个层面的合同：一是政府方和社会资本方之间签署的协议体系；二是项目公司和项目推进过程中的各有关主体签署的合同。具体合同(协议)流程见图 2.4。

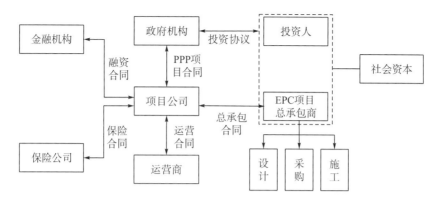

图 2.4　PPP＋EPC 项目合同(协议)流程

(1)投资协议。确定项目社会投资人(EPC 项目总承包商)后，由实施机构与社会资本方(EPC 项目总承包商)签订项目投资协议，约定项目合作事宜及双方职责。

(2)PPP 项目合同(特许经营协议)。项目投资协议签署后，根据项目投资协议要求成立项目公司。由项目公司与实施机构签署 PPP 项目合同，授予项目公司投资建设和经营管理项目的特许权利，项目公司开展具体的项目投资建设、勘察设计、征地拆迁、融资安排、运营管理等工作。

(3)融资合同。项目公司与银行签署。

(4)保险合同。项目公司与选定保险公司签署。

(5)其他合同。项目推进过程中项目公司与各有关主体签订的工程总承包合同、运营服务合同、购买服务合同及其他合同等。

2. 合同体系的合同主体

PPP 项目合同作为政府主体与社会资本主体(EPC 项目总承包商)之间就某一公共产品的提供达成的长期合作协议，由多个主体之间签署的不同类型的合同构成，形成合同体系。按照合同的审批和实施主体，分为政府主体、社会资本主体(EPC 项目总承包商)。

1)政府主体

一般而言，政府提供 PPP 项目，而且还承担了 PPP 项目公共服务购买和协调、审批、推动项目实施三种职责。

2)社会资本主体

广义的社会资本主体是所有参与 PPP 项目的私人主体，其中包括 PPP 项目合作方，项目融资方，项目设计、建设、运营的承包商与分包商，其他融资机构等。狭义的社会资本主体是指接受政府主体授权，根据特许经营权建立项目公司的社会资本。社会资本主体可以是 EPC 项目总承包商或含有 EPC 项目总承包商的联合体，本项目的社会资本主体为 EPC 项目总承包商。

社会资本主体(EPC 项目总承包商)直接与政府主体签订 PPP 项目合同，并在 PPP 项目合同的基础上与其他主体之间根据 PPP 项目的需要签订其他合同,项目公司及控制项目公司的 EPC 总承包商是合同体系的核心主体。

3. 合同体系的合同类型

1)合同体系的核心合同

项目合同是 PPP 合同体系的核心,由政府主体与社会资本主体(EPC 项目总承包商)签订,内容包括 PPP 项目整个阶段各个主体之间关键的利益分配与风险分配。项目合同的基本特征主要表现为:政府主导性、责任与权益多元化、合同传导性、模式多元化。

2)合同体系的主要合同

(1)股东协议。股东协议是指社会资本(EPC 项目总承包商)在建立项目公司的过程中签订的合同,项目公司基于该合同建立公司章程。股东协议包括一般约定的内容,以及股东对 PPP 项目履行的承诺、PPP 项目的商业计划、股东发生重大变更时的处理机制、争议解决方式等。

(2)融资合同。融资合同主要包括金融机构贷款合同、担保合同等。

(3)设计合同、建设合同、运营合同。PPP 项目实施过程中,需要签订设计、建设、运营、维护等各类合同。

3)合同体系的次要合同

PPP 合同体系的次要合同是指那些不是由 PPP 项目公司直接签订,但与其存在一定关联的合同,比如 PPP 项目的运营商与保险公司签订的保险合同、EPC 承包商与分包商签订的分包合同、PPP 项目中各主体与专业技术主体签署的专业技术服务合同等。

PPP 合同根据特定功能特性可分为服务合同、管理合同、租赁合同、特许经营权等。

(1)服务合同。一般是由政府主导、社会资本参与完成一个或多个特定任务而签订的合同,时间周期为 1~3 年。该类合同社会资本的风险较小。

(2)管理合同。可以管理整个项目或主要项目的合同,一般为 2~5 年,主要由社会资本承担实施责任。社会资本的风险较小,费用相对稳定,管理层可能无法控制核心资源,一般通过政府采购服务等形式实现。

(3)特许经营权。允许社会资本运营商在特定区域内负责公共服务,包括运营、维护、收费、管理等,有效期限一般为 25~30 年。

4. 项目合同关键条款

1)产品或服务定价

PPP 项目的产品或服务价格是指项目公司将 PPP 项目的产品或提供的服务出售给政府或消费者的价格。高速公路项目是直接向产品或服务消费者收取费用。产品或服务定价关系到项目公司的收入,同时也关系到产品或服务的性价比,所以 PPP 项目的产品或服务定价是合同中的关键条款。合理的 PPP 产品或服务定价应满足以下条件。

(1)从产品或服务消费者的角度出发，PPP 项目产品或服务价格水平应该合理，不应该使消费者负担过重。高速公路 PPP 项目提供的服务与其他行业的不同之处在于服务性质大于营利性质。由于该项目具有一定的垄断性，其收费价格水平直接影响社会总体价格水平。同时高速公路 PPP 项目的产品或服务价格不能单纯满足项目本身的经济效益和投资者的个人利益，还要同时满足公益性和社会性，这就导致存在 PPP 项目产品或服务价格的利益限制。所以政府通常会采取手段实行价格管制。

(2)在确定项目产品或服务价格时，首先，应提前考虑通货膨胀、利率变化趋势及项目债务等影响因素；其次，应该设置合理的价格机制，使社会资本不会获取暴利，同时又不至于因为运营等因素而导致亏损，确定好 PPP 项目产品和服务收费的价格调整过程。

2)合作期限

(1)项目合作期限的确定。目前，PPP 项目合作期限并没有一个统一的规定。有的行业具有明确的规定，比如国务院《收费公路管理条例》对收费公路收费期限的上限进行了规定；国家发展改革委等《基础设施和公用事业特许经营管理办法》规定特许期限不超过 30 年，至于特许期限的下限，暂未明确规定。财政部在 2015 年要求报送的第二批 PPP 示范项目中，明确提出项目期限不得低于 10 年。因此，一般认为 PPP 项目的特许期限在 10～30 年。根据财政部《PPP 项目合同指南(试行)》，特许期的确定需要综合考虑以下因素：公共产品或服务的供给期间；项目资产的技术生命周期；项目投资收回期；财政承受能力；现行法律法规关于项目合作期限的规定。

(2)项目合同期限的规定。项目合同期限规定有两种方式：第一种方式是自合同生效之日起的一个固定期限，目前 PPP 项目合同一般是三方合同，即确定中选社会资本后，先由政府方与中选社会资本签订合同，项目公司成立后，再由项目公司签署承继合同，此时要注意明确合同生效是始于社会资本签订合同之日还是项目公司签署合同之日；第二种方式是分别设置独立的建设期间和运营期间，并规定运营期间为自项目开始运营之日起的一个固定期限，如果出现工期延误，需要判断是否属于合同约定的延长期限，该方式下容易产生纠纷。

3)政府承诺

在 PPP 项目合同中，政府通常会做出某些优惠和其他便利的承诺，以鼓励投资者。政府的承诺亦是吸引社会资本方的关键因素。

(1)付费或补助。当选用政府付费机制时，政府按项目的可用性、使用量或绩效付费是项目的主要回报机制；当采用可行性缺口补助机制时，需要政府提供一定程度的补助。对于这两种情况，按照合同约定的时间和金额付费或是政府的主要义务。合同中要明确政府应该支付的产品或服务定价，同时还要明确政府所承诺补贴的具体数量。

(2)负责或协助获取项目土地权利。在高速公路 PPP 项目合同中，根据政府方的职权范围，政府方有可能会承诺提供项目有关土地的使用权或者为项目公司取得相关土地权利提供必要的协助。项目公司在取得项目用地时，可能涉及的土地费用包括土地出让金、土地补偿费、安置补助费、地上附着物和青苗补偿费、土地恢复平整费以及临时使用土地补偿费等。对于上述费用的承担责任和比例，应在 PPP 项目合同中明确。若约定由政府方承担，则作为政府配套投入，不计入政府付费或可行性缺口补助范围；若约定由项目公司承担，则应计入项目公司总投资，并计取合理回报。

（3）办理有关政策审批手续。在 PPP 项目实施过程中，项目的设计、建设及运营等工作需要获得政府的相关审批后才能实施。为了提高项目实施效率，有的 PPP 项目合同中，政府方可能会承诺协助项目公司获得有关的政府审批。但政府承诺的具体审批范围及承诺的方式，需要根据法律法规的有关规定、项目具体情况以及获得相关审批的难易程度具体分析。

（4）防止不必要的竞争性项目。在高速公路 PPP 项目中，大多采用使用者付费机制，项目公司需要通过收费以回收投资并获取收益，因此必须确保有足够的用户会使用该项目设施并支付费用。鉴于此，在这类 PPP 项目合同中，应规定政府方有义务控制不必要的竞争性项目，即通常所说的唯一性条款。

5. 风险管理措施

（1）风险分配的条款是 PPP 项目合同中的关键条款。PPP 项目应充分发挥合作各方的长处，采用风险共担的原则进行分配，约定风险分担责任。应将法律变更风险、政治决策风险、政府信用风险、融资风险、市场收益不足风险、市场需求变化风险及收费变更风险等写入合同条款。

（2）在 PPP 项目合同中，应针对超额收益分配进行详细约定。政府与社会资本合作，在政府方占股的情况下，收益如何分配是合作双方关注的焦点。一般而言，在 PPP 项目前期阶段，合作各方会对项目收益进行合理预测，就项目收益分配进行协商，并在合同中明确收益分配方式。

（3）引进和培养合同编写专业人员，通过积累项目经验、吸收专业技术人员的合理化建议，形成 PPP 项目合同参考范本。在项目拓展阶段以此为依托，对计算标准、工程建设其他费约定不明确、政企双方工作界定与权责约定不清晰、特许经营服务内容约定不清晰、政策法规变化带来的影响等问题在合同条款中进行规避。

2.3.2　政策风险

1. 风险分析

政策风险主要来自两个方面：一是国家政策影响区域经济的发展，从而影响项目需求；二是国家由于某种政治或经济政策上的原因，导致项目建设、运营、管理等方面政策法规的变化。政策变化最终影响项目经营成本和收入，从而影响项目的获利水平以及债务偿还能力。如政府引入社会投资人时，会承诺各种优惠条件并对引资项目大力支持，但是在长达数十年的项目合作期内，政府的支持度如果出现变化，就会影响承诺的兑现。如云南省或红河州关于招商引资、公路建设补贴等优惠政策发生变化，就会影响项目投资回报率。

2. 风险管理措施

(1)在投资协议和 PPP 特许经营权项目合同谈判中明确项目公司享受的国家、云南省、红河州的各种优惠政策和建设补贴，明确用途、使用方式以及政策变化后的补偿、违约条款。

(2)跟踪落实好各个子项工程的立项、用地、评审等环节的合法合规手续，结合政府建设计划，合理安排项目建设计划，为项目稳步推进打下坚实基础。

(3)加强政企合作建设，以寻求长期合作、提升企业品牌形象和持续发展为目标理念，搭建政企合作平台。

(4)与各级政府做好持续性对接，随时掌握政府相关部门的变动情况，做好政府换届预判和相应准备工作。

2.3.3　法律风险

1. 风险分析

法律风险主要是指由于采纳、颁布、修订、重新诠释法律或规定而导致项目的合法性、市场需求、产品/服务收费、合同协议的有效性等发生变化，从而给项目的正常建设和运营带来损害，甚至直接导致项目的中止和失败的风险。

分析近年来 PPP 项目的具体建设情况，发现 PPP 项目中包含较多的项目类型，其中数量最多的为特许经营项目，所以 PPP 项目包含特许经营项目，而特许经营项目属于 PPP 项目中的一种。同时，《中华人民共和国招标投标法实施条例》中规定的投资人选择要求仅在通过政府招标方式选定投资人的情况下适用，以保障投资人自主承建工程的要求。在实际的投资人选择中，除了招标，还有单一来源采购、磋商等方式，所以招标选择的方式并非唯一。其他方式选择的投资人进行建设的项目属于特许经营项目，满足《特许经营管理办法》中规定的内容，但是也无法按照现行的投标条例给予投资人法律保障(陆松，2018)。

目前，我国没有专门针对 PPP+EPC 模式的法律法规，尚未建立系统的政策。相关法律有各自的适用范围，在涉及 PPP+EPC 模式的项目时，法律法规缺乏针对性或条款之间存在矛盾，现有的部委规章和地方性法规时有政策不协调等情况。部委规章和地方管理条例等相关法律法规的不健全客观上造成一些国际上 PPP 模式惯例与我国现有的法律、律例相抵触，束缚了 PPP+EPC 模式在我国的应用。因此，不同政府部门颁布的规范性文件与政策存在冲突、矛盾或者不一致的情形下，将产生法律风险。

2. 风险管理措施

(1)PPP+EPC 模式运作应规范、透明，需要严格遵守审批、核准、备案手续和实施方案审查程序，建立多部门对项目全程监督管理的机制。在特许经营期间，项目公司对于合同每项条款都应仔细分析，负责项目红线范围内设施的建造、运营、维护、移交等建设程序，梳理建筑红线、道路红线、地下室范围线以及河道线等区域(关俊，2018)。

（2）建立与政府行业主管部门、监管部门的沟通机制，积极敦促、协助、配合政府方或其委托单位完善相关工程规划、立项、施工许可办理等合法合规手续，动态监管，以降低风险。

（3）出台完善的法律法规，为项目管理提供法律保障，增强社会资本与政府合作的信心和积极性。将 PPP+EPC 模式的适用范围、合同管理、退出机制等环节以法律的形式明确。同时，规范公私双方的权利与义务，明确服务型政府的掌舵性职能，细化政府部门的监管目标、监管内容、监管流程。

（4）制定 PPP+EPC 模式的操作指南。设定多种项目评估、风险测定的计量工具，提高合约制定的规范性，促进项目顺利实施。

（5）委托正规并具有实力的法律咨询机构，要求该机构在提供法律服务的过程中，密切关注相关政策法规，并应结合具体的项目特点，审慎地就该项目的法律适用问题提供法律意见。

2.3.4　融资风险

1. 风险分析

PPP+EPC 模式的核心是项目公司通过股份募集、银行贷款、发债、资产证券化等单一或者混合的市场化方式举债并承担偿债责任。政府对项目公司按约定规则依法承担合理定价、财政补贴、购买服务等相关责任，但不承担投资者偿债责任；交通基础设施 PPP 项目本身具有基础性、公益性的特征，而大型公路工程决定了其具有建设投资规模大、融资杠杆高、建设投资期长、融资成本较高等特点；汇率风险、利率风险、通货膨胀等风险在投资过程中呈动态变化，是不可确定的。因此，无论是自有资金还是建设资金都存在融资风险。融资风险主要来自两个方面：①融资方案的不确定性，主要是由于项目前期阶段，融资方案往往只是一个意向，但项目谈判尚未实质性启动，在具体实施时，变动可能性较大；②资金到位情况的不确定性，如果资金不能按时到位，将影响工程进度，影响项目预期目标的实现。

2. 风险管理措施

PPP+EPC 项目参与主体之间实现公平合理的风险承担和利益共享，离不开健全的金融体系以及多元化的融资工具，因此 PPP+EPC 项目可以尝试使用多种融资方式。

（1）不同的金融机构以不同的方式参与 PPP+EPC 项目中，也可以吸收养老基金和保险基金投入 PPP+EPC 项目中，如以股权投资方式参与项目公司的组建、参与成立项目基金。

（2）确定合理的融资结构，聘请专家进行融资方案设计，使得融资结构与资金需求相匹配。

2.3.5　运营风险

1. 风险分析

PPP＋EPC 模式的高速公路项目建设周期一般为 3 年，运营期长达 30 年，运营周期比较长。高速公路项目的策划、招商、运营及财务均需要专业人才及成熟的管理体系，PPP＋EPC 项目中的总承包商虽然专业性强，建设经验丰富，但缺乏高速公路运营及维护的管理经验，导致项目运营成为一个较大的风险点。同时，在项目运营维护阶段，随着城镇化的进程加快，政府可能强制提高产品服务标准，或利率上涨、不可抗力等造成运营成本增加时，使项目投资收益受到较大影响，增加项目运营风险。运营风险主要有政府补贴风险、市场收益不足风险、配套设备服务提供风险、市场需求变化风险、收费变更风险、社会公共安全事件处理风险等。

2. 风险管理措施

(1) 要加强风险管理意识，做好市场调查和预测，建立风险分担协调制度，建立有效的项目运营风险管理保障机制。在项目投入使用、运行经营方式方面，及时掌握风险因素的变化程度，根据阶段性的风险调查和辨识，制定实施针对性的风险控制方案和应对措施，有效化解和抵御风险。

(2) 运营期可行性缺口补助是保障项目公司正常运行的关键，若补贴不能及时到位，将影响项目公司现金流和成本。因此，需要及时与政府就补贴额度进行确认，确保政府将可行性缺口补助资金列入对应年度财政预算及中长期财政规划。

(3) 针对收益不足的风险，需要组建运营公司，制定培训计划、运营成本策划等，确定运营成本控制目标，加强考核。选择专业的公路养护队伍承担养护工作，选择优秀的专业公司承担服务区的运维工作。确保公路技术状况指数大于等于 80、服务水平达到《公路工程技术标准》(JTG B01—2014)规定的二级服务水平的目标。同时，进行运营策划，通过新闻、电台、报纸等媒体，加大宣传，提高公路运营设施的收入，拓宽盈利渠道。

(4) 建立运营风险准备金机制，并在前期明确准备金来源、提取方式及比例、金额等具体内容，以平衡运营期资金状况，应对运营亏损风险。

(5) 在与政府方的合作合同中，设置考核边界与标准，设置宽限期，给予项目公司纠偏机会。同时，将由于政府方或不可抗力导致服务不可用时的豁免机制纳入合同条款，确保不影响政府付费。

(6) 建立科学的价格机制和补贴机制。利用市场机制优化配置资源，通过政府监管保证社会公众整体利益，通过企业定价来保障社会资本的投资收益。价格补偿有时是基础设施项目的收益所在，因此对社会效益好但经济效益较差的项目应提供适当的财政补贴，并建立合理的动态补偿机制，在不形成财政压力的基础上保证社会资本的经济效益。

2.4　本　章　小　结

本章介绍了建个元高速公路项目概况，分析了建个元高速公路 PPP+EPC 项目结构、运作方式及回报机制，阐述了建个元高速公路 PPP+EPC 项目公司组织架构、管理机构职能定位、项目公司组织及人才管理相关内容，分析了建个元高速公路 PPP+EPC 项目风险，提出了相应的风险措施。

（1）介绍了建个元高速公路 PPP+EPC 项目概况，分析了项目建设重难点。项目具有建设条件复杂、建设周期长、管理跨度大、勘察设计工作困难、施工难度大、项目参与方众多、协调难度大的特点。

（2）介绍了建个元高速公路 PPP+EPC 项目结构，根据建个元高速公路项目自身特点，采用建设-运营-移交（BOT）的运作方式，收益回报方式为通行服务收入、非通行服务收入和可行性缺口补助。

（3）阐述了建个元高速公路 PPP+EPC 项目组织管理模式，介绍了项目公司、总承包部、施工项目部、专业分包、设计、监理及第三方检测的职能定位，提出了建个元高速公路 PPP+EPC 项目公司组织架构及人才管理措施。

（4）分析了合同风险、政策风险、法律风险、融资风险及运营风险，并从合同、政策、法律及融资运营方面提出了风险管理措施。

第3章 建个元高速公路 PPP+EPC 项目
规划设计管理

基于建个元高速公路项目实际情况和重难点，从项目公司层面，树立 EPC 模式系统性思维方式，联合各参建方提前明确项目总体规划并介入勘察设计工作，统筹前期策划，强化施工落实，借助科技创新等先进手段，共同开展各项管理工作，着力打造"强强联合、强弱带动、相互扶持、共同提升"的新模式，丰富 PPP+EPC 项目管理内涵。

3.1 项 目 筹 备

建个元高速公路项目路线全长 124.530km，全线工程规模巨大，项目具有线路长、结构物数量多、规划布设工作量大且工点分散的特点。由于建个元高速公路项目复杂的建设条件及较高的施工难度，地质勘察和踏勘调研是保障该项目顺利开展的基础工作，同时也是项目筹备阶段的重点工作。

3.1.1 地质勘察

1. 地质勘察目的及任务

地质勘察目的是在初勘的基础上，根据已批准的初步设计文件中所确定的修建原则、设计方案、技术要求等资料，有针对性地进行工程地质勘察工作，为确定公路路线、工程构造物的位置和编制施工图设计文件提供准确、完整的工程地质资料。

(1)在初勘基础上，根据设计进一步查明建筑场地工程地质条件，最终确定公路路线和构造物的布设位置。

(2)查明构造物地基的地质结构、工程地质及水文地质条件，准确提供工程和基础设计、施工必需的地质参数。

(3)根据初勘拟定的针对不良地质、特殊岩土防治的方案，具体查明其分布范围、性质，为防治设计提供必需的地质资料和地质参数。

(4)对沿线筑路材料料场进行复核和补充勘察，最后确定施工时所采用的料场。

2. 地质勘察工作依据

(1)勘察任务书。

(2)参考规范、规程及手册:《公路工程地质勘察规范》(JTG C20—2011)、《公路勘测规范》(JTG C10—2007)、《公路路基设计规范》(JTG D30—2015)、《公路土工试验规程》(JTG 3430—2020)、《公路桥涵地基与基础设计规范》(JTG 3363—2019)、《公路工程抗震设计规范》(JTJ 004—1989)、《建筑抗震设计规范》(GB 50011—2010)、《建筑工程地质勘探与取样技术规程》(JGJ/T 87—2012)、《工程勘察通用规范》(GB 55017—2021)、《铁路工程地质勘察规范》(TB 10012—2019)、《湿陷性黄土地区建筑标准》(GB 50025—2018)、《工程岩体试验方法标准》(GB/T 50266—2013)、《软土地区岩土工程勘察规程》(JGJ 83—2011)、《公路路基设计手册》。

3. 地质勘察内容

对拟建项目区进行工程地质勘察,以了解项目所在地的工程地质特征、各工程方案的工程地质条件与控制工程方案的主要地质问题,为拟定路线走向、桥位、隧址工程方案的比选及编制工程可行性研究报告等提供地质资料。勘察内容包括以下几个方面。

(1)研究项目区的自然地理、区域地质与工程地质条件及其与项目工程的关系,并作出初步评价。

(2)对于控制路线方案中的复杂地形地段,了解地质与不良地质概况,提出路线的布设与比选意见。

(3)对于控制路线方案中的不良地质、特殊性岩土地段,了解其类型、性质、范围、发生和发展情况,评价其对公路工程的影响程度,并提出防治意见。

(4)对于控制路线方案中的特大、大桥桥位,了解其自然与地质条件,提出桥位比选意见。

(5)对于控制路线方案中的隧道,了解洞身的围岩级别、地应力分布、水文地质条件、洞口稳定条件及对环境的影响等,提出隧道位置的比选意见。

(6)了解项目区筑路材料的分布、质量、储量、开采和运输条件以及工程用水的水源和水质。

4. 地质勘察方法

根据《公路工程地质勘察规范》(JTG C20—2011)对工程可行性研究阶段工程地质勘察的规定与要求,结合项目的工程特点,采用遥感与工程地质测绘、简易勘探、工程物探、控制性钻探、测试等方法进行工程可行性研究阶段的工程地质勘察工作。

(1)遥感与工程地质测绘。利用卫星遥感影像信息资料对项目区的地形地貌、地层岩性、地质构造、不良地质与特殊性岩土等进行圈定、判释,为公路方案选择、线位展布提供宏观资料。在此基础上以 1:50000 和 1:10000 线位地形图为底图,进行实地工程地质调绘、验证,对路线通过地带及重点构造物场地进行全面的工程地质分析研究,编绘 1:50000 和 1:10000 综合工程地质图。

(2) 工程物探。在遥感测绘与工程地质调绘的基础上，对控制路线方案中的特长、长大隧道隧址采用浅层地震(反射、折射)进行控制性勘探，对特大桥与地质条件复杂的大桥桥址采用地震面波进行控制性勘探，以了解隧址、桥址区的地层岩性、岩土界线、岩层完整性及风化破碎程度、构造及发育性与水文地质条件，了解隧道洞身围岩级别与洞口稳定性及其对环境的影响等，对隧址、桥址区进行工程地质评价，提出比选意见。

(3) 工程地质钻探、简易勘探。对控制路线方案中的特大、大桥桥址，在遥感测绘、工程地质测绘、物探的基础上，进行控制性钻探，对不良地质与特殊性岩土地段，采用简易勘探。在钻孔中进行必要的原位测试(标准贯入、动探)，并采取岩、土试样，在室内进行物理力学性质试验，以了解桥址区的工程地质条件、地基岩土的物理力学性能及沿线不良地质与特殊性岩土的工程地质特征，并作出初步工程地质评价。

3.1.2　踏勘调研

除了正常必要的地质勘察工作外，项目建设条件及沿线资源对项目投资建设的影响也较为显著，关系到后续土地使用和征地拆迁、材料供应、能源消耗等主要费用支出。因此项目公司联合各参建方，制定了项目前期踏勘规划，主要进行了如下几个方面的调查工作。

(1) 项目建设规模，工程区域内及周边人文因素、民族特色和自然环境等。

(2) 项目区域内的地形地貌、地表环境等，规划施工平面布置，掌握大临设施(大型临时设施)布设等情况，为施工便道规划及建设提供技术支撑。

(3) 调查施工用地类型、范围、土地属性和具体指标(基本农田、水源地、林地等)，摸清项目沿线村房分布、涉铁、涉矿、道路交叉、军事用地、高压及河道设施迁改等敏感区分布情况。

(4) 项目所在地材料及设备供应商分布以及市场现状：材料品种及价格、质量、供应渠道、设备(系统)、产能和供应能力；设备市场情况，设备性能、数量和租赁情况等。

(5) 项目沿线道路条件和交通运输环境：主要运输道路交通量、等级、路况；道路等级、长度和可利用范围；急弯、无路区、超限情况等。

(6) 项目所在地及沿线周边电力设施情况，包括线路距离、电压大小、供应范围、电力富余情况等，根据项目用电需求合理规划用电线路布设，切实保障施工期和运营期的用电。

(7) 项目周边水资源情况，即自然河流、水网、市政(农用)水路、水源点等，保证满足施工用水需求。

(8) 地方砂石资源情况和结构物开挖可消化废料情况，弃土场选址、容量等，为全线土石调配等重点工作提供合理依据。

将上述调研结果形成分析报告，重点明确项目建设中的环境敏感性因素，并制定沿线资源供应保障措施和方案，以便在设计阶段能将该部分费用合理纳入设计概算费用当中，这对于项目全生命期的管理是十分有必要的。

3.2 项目管理策划

3.2.1 项目管理策划大纲

建个元高速公路项目的业主、勘察设计方、监理及施工方各自代表着不同管理水平和团队文化，需要主动超前制定《项目管理策划大纲》纲领性文件，一方面全面搭建管理组织架构，明确职责定位，构建"五位一体"全方位管理责任体系；另一方面按照项目全生命周期管理要求，全面设计管理思路，明确具体管理方式，提出安全、质量、进度、投资效益、环保、科技创新、投资控制"七位一体"管理目标，并制定具体措施。

1. 项目管理总体目标

1）编制依据

(1)红河州建个元高速公路项目政府和社会资本合作(PPP)招标文件和投标文件。

(2)红河州建个元高速公路项目政府和社会资本合作(PPP)项目投资协议、项目合同。

(3)国家和地方现行的有关法律法规、标准和规范，本项目有关批准文件的要求。

(4)中国电力建设股份有限公司相关文件及项目管理系列制度。

(5)项目所在地的市场信息与环境信息。

2）项目各业务板块管理目标

(1)投资控制管理目标。①建设期：项目投资不超经批准的概算总投资。②项目合作期：达到成本最优，投资效益最佳，股东利益最大化。③全面完成公司下达的每年度及整体的经营指标和利润指标，按时上缴各种费用。④投资完成率100%。

(2)设计管理目标。①以"安全、环境、和谐"的高速公路典型示范工程理念统领项目勘察设计全过程。②最大限度地贯彻高速公路"长寿命"理念。③保护生态环境，避免高填深挖，实现高速公路与自然的和谐。④获省级及以上优秀勘察设计奖。

(3)监理管理目标。①现场管理人员要满足合同约定的条件和数量。②将工程造价控制在合同约定的范围内。③确保项目总体进度计划及关键项目工程进度计划的实现。④确保工程质量符合交工、竣工验收的标准。

(4)进度管理目标。建个元高速公路在目标时间内建成通车。

(5)质量管理目标。①工程交工验收：合格，分部分项工程评分97分以上。②竣工验收：优良。③获省部级及以上优秀质量控制(quality control，QC)成果至少两项，获省部级工程质量金奖。

(6)检测试验管理目标。①首检无差错率98%，复检无差错率99%，审核后的检测报告无差错率100%。②试验设备合格率100%。③试验员持证上岗率100%。④检测数据真实，准确率100%。⑤检测报告准时发出率95%。

(7)安全管理目标。①杜绝发生重、特大安全生产责任事故与重、特大安全生产伤亡责任事故。②危险性较大的分部分项工程专项安全技术措施编制、审批、交底率 100%。③不发生负主要责任的交通死亡事故、自然灾害死亡事故。④安全生产标准化达标率100%。⑤安全费用按国家行业标准提取到位 100%。⑥达到"红河州建设工程安全生产文明施工示范工地"标准，争创云南省安全生产示范工地、标准化工地。

(8)环保、水保管理目标。环保、水保工程与主体工程"三同时"(即同时设计、同时实施、同时施工)进行，努力把工程设计和施工对环境的不利影响降到最低，确保高速公路沿线景观不受破坏、江河水质不受污染、植被得到有效保护。努力建成一条环保型、资源节约型高速公路。

(9)财务管理目标。确保资金筹措和使用合理，严格控制各项财务费用支出，有效地投放和使用资金，维持良好财务状况，实现资金运作的安全性、流通性和收益性的协调统一，实现财务成果最大，财务状况最优。

(10)风险管理目标。提高全员风险管控意识，全面分析控制项目风险因素。识别风险、减轻或消除风险不利影响，降低风险处理成本，将各类风险控制到最低，并尽可能将风险案次控制为零，保障项目顺利实施。

(11)信用评价目标。项目建设第一年达到云南省公路企业信用评价 A 级，后续达到AA 级。

(12)技术创新及管理提升目标。实现全方位创新，推进新技术、新工艺、新设备、新材料的运用，开展智能化信息管理平台及可视化监控系统应用、特大桥梁设计与施工关键技术、特长隧道施工等课题研究。

(13)廉政建设目标。严格执行中央八项规定，以及中电建路桥集团有限公司相关廉政建设制度，确保无违法、违纪、违反廉政建设有关规定的事项发生。

(14)项目前期准备阶段计划目标。①项目合同谈判：a.完成投资协议、特许经营权协议谈判及签署；b.起草征地拆迁合同、电力迁改合同，并与政府谈判、签订。②项目内部审批与决策程序：经股份公司董事会决策后批复。③项目合法合规化手续的推进：a.督促建个元高速公路项目可行性研究报告的批复；b.督促建个元高速公路项目工可(工程可行性)修编、概算批复；c.加快设计进度，完成初步设计及施工图设计的报备、审批、修编，组织总承包部提前介入，进行先导开工施工图设计。

2. 项目建设期管理规划

1)投资控制管理

(1)体系建立。建立健全投资控制保障体系，成立投资控制领导小组。组长由公司总经理担任，副组长由分管经营的副总经理担任，公司其他班子和各部门主任为成员。投资控制小组下设办公室，办公室设在公司计划合同部。办公室负责分解投资控制目标，并制定投资控制实施细则。

(2)投资控制保障措施。①设计阶段：依据审批的设计工作大纲开展工作，确保两阶段地勘的深度和范围及准确性，保证路基土石比例、桥梁桩基、隧道围岩级别的设计满足精度要求。②施工阶段：优化施工组织设计，组织专家审查施工组织设计，运用价值工程等方法，不断对施工方案做多方案比较，挖掘节约工程投资的潜力，选择技术先进、经济合理的施工方案。③完善项目计划统计管理制度，规范计划统计工作，全面、准确、及时地反映生产经营状况。运用统计分析方法，分析生产经营活动中存在的问题，预测发展结果，提出建议措施，为各级领导决策提供可靠的依据。④健全资金控制组织、完善资金使用制度。⑤加强成本管理，提前进行税务策划。

2）融资管理

以满足项目建设资金需求为目标，筹划项目融资规划。与中国建设银行、中国银行及中国工商银行等金融机构密切沟通，对融资条件进行深入探讨，形成初步贷款意向。融资条件主要为以特许经营权收益质押、融资利率为贷款投放时的市场最低利率。

3）设计管理

（1）设计管理原则。设计应依据勘测设计合同开展工作，结合双方认可的勘测设计工作大纲做好外业和内业工作，总体设计满足设计规范要求，充分发挥设计专业人员的积极性，使设计深度、质量达到预期目标，无重大偏差和错漏项。

（2）施工图设计。在定测图和施工图设计阶段，通过实地放线，水准、横断面测量，补充地形图，加强对桥隧、路线交叉、地质、筑路材料、沿线设施、环境保护等内容的调查，优化设计方案。

（3）设计质量保障。①处理好质量与进度、质量与效益之间的关系，将质量措施落实到设计的全过程中。②加强对关键工序的管理，做好勘测外业资料的汇总和整理，进行路线方案的研究和制定，制定总体设计方案。③严格过程控制，程序化每道工序，控制各道工序的输入和输出质量，使研究工作做到规范化、程序化。

4）监理管理

（1）公开招标，选择满足高速公路监理相应资质、经验丰富的监理单位，有类似项目经验的监理单位优先。

（2）监理单位应根据监理合同，派驻现场监理机构，进场后编制监理计划和监理实施细则，报项目公司工程管理部批准实施。监理进场人员要严格按照招投标文件、监理合同要求组织人员进场。

（3）在项目公司授权范围内认真履行"三控制、两管理、两监督、一协调"，即进度、质量、投资控制，合同、信息标准化管理，监督文明施工和环保水保达标，协调参与各方的关系。

（4）监理应按项目公司要求全面推行标准化管理，监督检查各施工单位标准化建设情况，将标准化纳入日常管理中，按照标准化实施要求对施工单位进行监督、检查、指导。

5）进度管理

（1）建立三级进度管理体系。根据项目特点和建设期施工组织形式，采用"项目公司-总承包部-项目部"三级管理组织构架,相应建立三级进度管理体系。第一级体系全面负责项目的总进度管理工作,第二级体系负责传达、细化和落实项目公司编制的总进度计划,第三级体系负责按照总进度计划及总包分解的进度去细化和完成自己范围内的施工任务。

(2)编制进度计划。进度计划要体现每个项目完成的时间节点、年度安排及每月完成的形象进度,要体现每个项目关键线路的进度计划安排,要有总的人力、物力、材料、设备的投入及资金准备计划,要有进度完成采用的分析方法和纠偏措施,以及拟采用的组织、制度及技术层面采取的措施。

(3)制定进度管理制度。项目总进度计划为进度管理的全局性战略布局,单项工程计划和年(季)计划为施工筹划、资源配置的基础,月进度计划为进度计划分解与执行的中枢,周、日进度计划是执行落实的重点。

6)质量管理

(1)体系建立。项目公司、施工总承包部及项目部均成立质量领导小组,项目经理作为质量管理第一责任人,全面领导质量管理工作。项目公司质量安全部为质量管理机构,总承包部及各项目部成立独立的质量管理机构,配备专业的质检工程师和足够的专职质检人员。

(2)管理流程。采取"分级负责,垂直监管"的流程体系。项目公司负责对项目建设工程整体的质量管理工作实施指导、检查和监督,总承包部具体负责履行对各项目部的质量监督职责,各项目部采用"项目总经理→副总经理(总工程师)→质量管理部门→施工厂队→施工班组"的垂直管理体系,负责对承建工程进行全程质量管控。

7)安全管理

(1)管理机构。项目公司成立由总经理任主任,分管质量安全的副总经理任副主任,分管生产、技术的副总经理、总经济师、总会计师、各部门主任以及总承包部、监理负责人为组员的安全领导小组,项目公司、施工总承包部、各项目部均应成立安全委员会。另外,分别成立三项业务(职业健康、环境保护、节能减排)工作领导小组,并由业务专员负责。

(2)责任体系。项目公司、总承包部及项目部均应建立以主要负责人为第一责任人的安全生产责任体系。建立以安全总监(项目公司分管质量安全的副总)为主要责任人的安全生产监督体系,建立以分管生产的领导(生产经理)为主要责任人的安全生产实施体系,建立以分管技术的领导为主要责任人的安全技术体系。各体系在安全生产过程中要自觉发挥本体系作用,确保安全生产工作在项目实施过程中"责任到人、实施到底、监督到位、保障有力"。

8)合同管理

(1)责任划分。计划合同部作为项目合同归口管理部门,对合同的实施、变更、解除进行监督、检查,对合同纠纷、争议进行协调和解决,以保证合同全面履行。①总经理:

负责工程合作期内各类合同的批准和签订,代表项目公司对合同履约全权负责。②分管副总经理:协助总经理对合同履约进行具体管理。组织合同谈判、合同评审、会签、合同履行与签订的具体事项,处理合同纠纷、争议的协调、变更、终止、解决等。③计划合同部:起草各类合同文本,参与合同谈判、评审、会签等事宜。做好合同统计、归档备案,收集合同纠纷基础资料等。④其他职能部门的合同责任:在本部门的职责范围内参与相关合同的起草、洽谈、评审、会签等。

(2)管理要点。①合同管理人员要熟悉工程,熟悉施工技术,了解施工现场情况;要熟悉业务,了解有关法律法规,具有较高的文字写作能力,对外提供的各类函件、报告要简明扼要,文理通顺。②合同谈判应当有项目公司负责人的授权,两人以上参加并做好谈判记录。合同谈判应有记录,参加谈判的人员应在谈判记录上签字。合同谈判内容不应背离招标文件,谈判形成的结果应以纪要等形式作为合同的一部分。③合同签订前,应对合同另一方当事人的主体资格和资信情况进行了解、审查。合同对方当事人履约能力或资信状况有瑕疵的,原则上不得与其签订合同。④严格合同会签制度。合同签订必须是建立在合同会签和审批已经通过的基础上。对会签审核部门提出的修改意见,合同部应予以采纳,如确不能做出修改,应说明理由,如仍有争议,须由项目公司分管副总经理或总经理决策。⑤必须进行合同交底。合同交底一般应包括但不限于:合同标的及合同总价、合同履约方式、合同变更方式约定、合同结算期限与结算工程款支付约定、合同造价条款缺陷、其他合同缺陷约定、合同管理中应注意的问题等。⑥建立合同管理台账,由专人负责,并做好合同备案、归档工作。

9)工程结算管理

(1)严格审核工程量。①严格执行合同、国家及云南省相关计量规范、标准与规定。②每个计量周期内完成的符合设计及技术、质量标准,达到计量条件并经现场监理工程师签字确认的质量验收合格的工程量,方可申请计量支付。同时提交有关工程形象进度的文字说明和施工质量验收合格的证明材料(相关的隐蔽工程检查证,成品、半成品、设备及原材料出厂合格证,试验报告单及工程量计算书)。③超出施工图范围的工程量,须通过变更审批程序后方可办理计量。

(2)加强结算的内部审核管理。

(3)加强材料、设备费用的核实与扣除。

(4)项目公司、施工总承包部、项目部均应建立工程管理台账和计量支付台账,且对该台账进行动态管理,确保计量工作受控。

10)变更管理

设计变更审批坚持"先批准、后变更,先设计、后施工"的原则,实行分类管理、分级审批制度,以及会勘会审制度、集体决策制度和变更设计问责制。变更项目应编制切实可行的工程变更方案,确保质量和进度的要求。设计变更工作流程如图3.1所示。

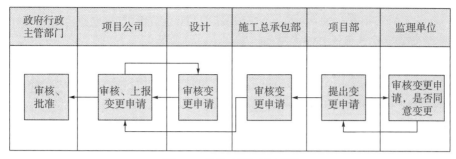

图 3.1　设计变更工作流程

11）工程招标管理

（1）招标流程管理。①施工总承包部组织的工程类、物资、设备类招标：招标计划、招标文件、评标报告、合同文件，每个环节均需项目公司和中电建路桥集团有限公司、中国电力建设股份有限公司批复后方可进入下一环节，并在合同文件签订后报中电建路桥集团有限公司备案。②项目部组织的工程类、物资、设备类招标：招标前，编制招标规划或分包策划及招标计划报施工总承包部，经施工总承包部批准后方可开展招标工作。③监理、检测单位招标：项目公司通过公开招标方式选定，并在州交通局基建科备案。④物资招标：执行中国电力建设股份有限公司设备物资集中采购招标管理办法，严格履行相关的招标管理程序。采用项目公司、总承包部监管，项目部自行采购物资及设备的管理模式。

（2）招标文件的编制要点。①专业分包项目招标的标底原则上不得超过批准的初步设计概算，不得低于预算价的 80%，且各项单价不得低于各项目施工的成本。②招标文件中应明示投标报价或拟确定中标价超出概算按不参与评标或废标处理的要求。③应明确规定对投标人的资质要求、技术能力、业绩、信誉、主要施工人员资质和设备情况及进出场计划等。④工程量清单应符合规范、招标范本及工程量清单计量规则，涵盖工作内容应全面，工程量计算准确，边界条件清晰。

12）物资、设备采购管理

（1）物资、设备采购方式应执行中国电力建设股份有限公司设备物资集中采购招标管理办法。

（2）施工总承包部应制定材料供应管理办法和材料核销监督办法，严把材料验收、入库出库、计量结算关，监督控制项目部材料使用以及核销情况，进行检查考核。

（3）在实施过程中，项目公司通过事前审查、事中监督、事后资料备案，以及日常检查和季度考核的方式进行监管。

13）文明施工管理

（1）管理体系。建立“项目公司-总承包部-项目部”三级管理体系，成立三级文明施工管理委员会，采取“体系制度建设、责任分解落实、日常检查督导、定期履约考核”的管理方式。项目公司分管质量安全的副总经理协助总经理负责本项目的环保、文明施工管理工作,质量安全部负责日常管理工作。总承包部和各分部应对应设置安全总监和环保部负责本层级的环保、文明施工管理工作。

(2)管理要点。①防止水土流失和各种污染,施工现场排污总量控制在国家及地方规定范围内。②施工现场噪声污染指标控制在国家及地方标准范围内。③减少对沿线生态环境的破坏,将施工对环境的干扰、破坏降到最低。④不发生水体功能、耕地、森林资源破坏等影响环境的投诉、处罚事件;不发生节能减排违法违规事件,不发生较大环境污染事件,完成节能减排控制任务指标。⑤确保达到市级文明工地标准,争创省级文明工地。

14)技术管理

(1)管理流程。施工组织设计和超过一定规模的危险性较大的分部分项工程专项施工方案应经专家评审;施工组织设计、重大(重要)技术方案由公司科技部组织评审,一般技术方案由项目公司或施工总承包部组织评审,并将相关资料报公司科技部备案;施工组织总设计、重难点分部分项工程和专项施工方案由公司技术负责人审批;单位工程施工组织设计由公司技术负责人或技术负责人授权的技术人员审批;施工方案由项目技术负责人审批。

(2)管理要点。

①施工技术管理。施工技术管理工作在项目公司总工程师、副总经理(技术、生产)及总承包单位总经理、总工程师、副总经理(技术、生产)、各分部经理、总工程师的领导下,由各级工程技术部门负责执行。

②设计文件审核流程及要求。由施工总承包部、各项目部总工程师主持,工程技术部门负责对设计文件进行会审和现场核对。经监理工程师确认后上报项目公司,由项目公司要求设计单位完善相关设计。

③施工调查。施工调查的目的是尽快编制实施性施工组织设计。由总承包部总工程师负责组织施工调查,根据情况提出优化设计和施工组织意见。

④重大方案的管理。为确保重大施工方案的完整性和符合性,并符合国家有关标准、规定及工程合同的要求,项目公司要对重大施工方案的内容、要求和方法进行评审,使重大施工方案的评审工作正常化、规范化。

⑤技术交底。技术交底包括设计技术交底和施工技术交底。项目公司组织总承包部、各项目部进行设计交底。工程技术部负责联系设计单位进行技术交底,组织有关业务部门和各级分部有关人员参加。项目总体布置、施工安排、技术方案、工期、质量、环保要求等应进行交底,并将关键的施工方案技术向各项目部进行讲解、培训。

⑥施工技术总结。总承包部、工程技术部负责编写全标段综合性总结,在工程基本竣工但尚未正式验交前完成。工程综合总结应在工程验交后三个月内完成。各项目部专题技术总结应在工程验交后两个月内完成。

⑦编制竣工文件。项目公司、施工总承包部、各项目部均应成立竣工资料编制领导小组,由各级工程管理部牵头,各级总工程师参加,负责组织对竣工资料的编制、检查、指导和审核。总承包部负责按规定进行文字整理和统一组卷。工程技术部负责移交,并在移交后一个月内报项目公司备档。

15) 科研管理

(1) 项目公司参照中国电力建设股份有限公司科研项目管理办法,负责科技项目立项、实施、验收及成果管理。

(2) 坚持"以自主开发为主,产学研相结合,创新与应用并重"的原则,注重技术集成和新技术的推广应用。根据"共同研发、成果共享"的原则,促进科技项目管理工作的科学化、规范化及正常化,保证科技项目的顺利实施和按质按期完成。

16) 征地拆迁管理

(1) 征地拆迁机构设置。成立征地拆迁的专业组织机构,主要包括组长、副组长、征地拆迁部全体人员、总承包部征地拆迁管理人员、各项目部征地拆迁管理人员,其中总承包部、分部也须设置相应的机构。各级机构均应建立和完善征地拆迁管理体系,对征拆进度执行情况进行检查和分析,制定纠偏措施,以确保工程建设目标的实现。

(2) 编制征地拆迁计划。项目开工前,施工总承包部及各项目部均应按照工程项目进度计划编制征地拆迁计划,经总承包部审核、批准后组织实施。

(3) 征地拆迁计划的实施与管理。项目公司征地拆迁部对征地拆迁计划的编制、审批和执行情况行使监督检查职责。对总承包部资料的真实性进行检查复核,并按《总承包部综合考核实施细则》对总承包部的征地拆迁进展情况进行考核。实时管理总承包部及项目部征地拆迁进度,并制定征拆管理办法。

17) 信息化管理

(1) 工程信息化。在项目实施过程中,把项目主要桥梁、路基、隧道及重难点施工内容进行三维模型化和数据信息化。实现施工过程的可视化、信息化和系统化管理,在质量、安全、进度和成本控制等方面实现建筑信息模型(building information model,BIM)技术的价值最大化,提高工程施工和管理信息化水平。

(2) 办公信息化。结合项目特点,建立企业信息管理平台、综合项目管理系统、公文处理系统、人力资源系统、档案管理系统及知识管理系统,全方位实现办公信息化。

18) 标准化管理

标准化建设与管理是一个过程。制定、执行和不断完善标准的过程,就是不断提高质量、提高管理水平、提高经济效益的过程。标准化活动的主要内容是建立、完善和实施标准体系,并对标准体系的实施进行监督、合格评价和分析改进。

(1) 管理原则。①确保本项目施工现场、办公及生活设施达到规范化、标准化。增强参建单位和人员的质量意识、安全意识、文明施工意识,进一步提高工程管理水平,保证项目既定质量目标的实现。②凡在本项目从事建设活动的管理方、施工方、监理方或个人,必须严格遵守《标准化管理办法》。③积极开展以"管理规范、工程优质、生产安全、施工文明"为要求的标准化工地活动,达到管理标准化、工厂化、信息化、机械化的要求。

(2)管理要点。①管理机构：项目公司、总承包部、各项目部分别成立由总经理担任组长，分管领导担任副组长，其他班子领导和部门负责人担任组员的标准化管理领导小组。各领导小组办公室设在质量安全部，负责落实、管理项目。②标准建立：依据交通运输部公路局《高速公路施工标准化技术指南》、云南省交通运输厅《云南省高速公路施工标准化实施要点》的相关规定，按照公司管理办法和制度的要求，结合项目建设特点，组织专业人员制定项目标准化管理手册。

19) 后勤管理

(1)党建工作。①加强组织建设与制度建设。②强化理论知识学习。③构建学习型组织。

(2)廉政工作。开展纪检监察各项工作，对项目成员中的党员干部进行反腐倡廉教育与监察工作，实现项目廉政建设目标。①强化反腐倡廉制度建设。②落实反腐倡廉廉洁从业责任制。③加强领导人员作风建设。④开展经常性廉洁从业宣传教育。

20) 后勤管理

(1)业务招待管理。落实业务招待审批制度，建立业务招待台账，厉行勤俭节约精神，简化接待，切实节约项目公司管理费。

(2)后勤管理。建立《食堂管理规定》《员工宿舍管理规定》《公务用车管理规定》等，保障项目公司人员办公、生活各项需求。

(3)人力资源管理。①薪酬体系：严格执行中国电力建设股份有限公司薪酬福利、绩效考核管理办法。②人事档案管理：建立人员台账，专人管理，及时更新。③人员培训：根据岗位需求和人员素质制定培训计划。通过内部培训、外部专家培训等方式，使员工知识体系得到拓展、职业技能得到提高。

3. 项目风险管理

项目各项风险贯穿于项目实施的全过程，是影响项目顺利实施和公司效益的关键因素，对风险的分析、规避和控制是项目管理的重要内容。

1) 建立风险管理体系

项目公司成立以总经理牵头，分管副总经理、相关部门负责人为组员的风险管理小组。制定风险管理实施细则，分解风险控制目标、落实责任部门和责任人。

2) 风险管控方式与计划

通过建立风险评估清单、定期组织执行情况检查与纠偏等方式，确保项目风险可控。计划分七个步骤：①识别潜在的风险源；②评估各类风险，并选出有重大影响的风险进一步分析；③综合评价重大风险的总体影响程度；④制定控制风险的计划，制定降低风险及减少其不良影响的措施；⑤对已识别的风险进行监测、检查；⑥识别新风险，修订风险计划，实施纠偏措施；⑦对已完成的风险因素控制情况进行总结。

3) 项目风险识别

识别项目各阶段的风险，见表 3.1。

表 3.1　风险识别表

风险阶段	风险因素	风险来源	风险结果	承担单位
全过程	政策风险	政策稳定性	影响项目的正常进行，项目暂停甚至终止	政府及项目公司
	法律风险	法律稳定性	影响项目的正常进行，项目暂停甚至终止，影响股东利益	政府及项目公司
	经济风险	通货膨胀	物价上涨，成本增加	项目公司
		经济下行	成本增加或收入减少	项目公司
	自然环境	不可抗力	对项目产生严重影响，项目暂停甚至终止	政府及项目公司
前期	社会风险	居民及相关企业反对	影响项目的正常进行，项目暂停甚至终止	政府
	行政审批	项目前期审批程序、用地政策	影响项目进度及项目正常进行	政府
	征地拆迁	征地、拆迁	进度滞后，成本增加	政府
	建设条件	水、电、路，建设用地、临时用地	影响进度，成本增加	政府及项目公司
	项目融资	融资风险	融资不可行，融资成本增加	项目公司
建设期	经济风险	原材料、人工价格上涨	增加成本	项目公司
		税费政策变化	增加成本	政府
		利率变化	增加成本	项目公司
	设计风险	规划变更	工期延误，费用增加	政府
		政府方提出的设计变更	项目中断，工期延误，费用增加	政府
		项目公司方提出设计变更	项目中断，工期延误，费用增加	项目公司
	施工风险	工艺不当	进度延误，成本增加	项目公司
		安全措施不力	人员伤亡和财产损失，进度延误	项目公司
		方案不合理	进度延误，成本增加	项目公司
	管理风险	合同管理能力	影响效率、进度	项目公司
		总承包协调	影响效率、进度	项目公司
		分包管理	影响效率、进度、成本	项目公司
		物资管理	影响效率、进度、成本	项目公司
		财务管理	影响效率、成本	项目公司
项目验收	竣工验收	交付延误	影响效率、进度	项目公司
	竣工决算	投资增加	影响成本	项目公司
运营期	运维质量	维护力度不够	影响使用环境与质量	项目公司
	运营成本	运营费用超支	影响运营成本	项目公司
		维护、更新成本超支	影响运营成本	项目公司
		利率变化	成本增加	项目公司
	回购风险	提前回购或提前解约	运营期缩短	政府及项目公司
移交阶段	移交风险	移交资料准备	影响交付进度	项目公司
		移交前维护及工程状态保障	影响项目质量	项目公司

4) 部分风险分析及应对措施

(1) 政策风险。①风险分析：政府引入社会投资人时，会承诺各种优惠条件并对引资项目大力支持，但是在长达数十年的项目合作期内，政府的支持度如果出现变化，就会影响承诺的兑现。如云南省、红河州关于招商引资、公路建设补贴等优惠政策发生变化，就会影响项目投资回报率。②应对措施：在投资协议和 PPP 特许经营权项目合同谈判中明确项目公司享受的国家、云南省、红河州的各种优惠政策和建设补贴，明确用途、使用方式以及政策变化后的补偿、违约条款。

(2) 法律风险。①风险分析：主要指项目是否合法合规。②应对措施：建立与政府行业主管部门、监管部门的沟通机制，积极协助、配合政府方或其委托单位完善相关工程规划、立项、施工许可办理等合法合规手续，动态监管，以降低风险。

(3) 经济风险。①风险分析：通货膨胀、社会经济下行等经济风险的产生可导致项目投资建设成本的增加或运营收入减少等问题。②应对措施：对可能出现的社会经济变化，如汇率波动、利率上涨、通货膨胀、国际贸易政策的趋向等，认真分析，加强防范意识，重视税务策划、融资计划和方案的编制。

(4) 自然风险。①风险分析：主要为不可抗力风险，包含各类地质灾害等不能预见、不能避免并无法克服的客观事件。自然风险可影响项目建设进度、质量、安全、成本等，甚至导致项目暂停或终止。②应对措施：建立自然灾害风险预防预控体系，制定灾害防范应急制度，加强合同管理，及时办理索赔。

(5) 社会风险。①风险分析：项目所在地为少数民族聚居区，人文环境复杂，建设期可能对道路附近居民、企业的生产生活造成不便，可能会出现因居民、企业强烈反对导致项目暂停或终止的风险。②应对措施：加强文明施工，减少环境污染，合理安排施工，提前规划临时道路及水、电设施，做到永临结合，减少对项目附近居民、企业出行、生产生活的影响，避免企地矛盾。

(6) 行政审批风险。①风险分析：各类相关文件审批的进度将直接影响项目进度和项目的正常进行。②应对措施：对项目建设用地、环评、开工许可等各项审批手续进行持续跟踪督促，确保项目建设合法合规。

(7) 设计风险。①风险分析：因项目地质条件复杂，存在滑坡、崩塌等不良地质现象，山间低洼路段分布有软土，局部高填及深挖，路线选择困难，项目设计难度大，设计变更过多，会带来项目中断、进度滞后、工期延长、费用增加的风险。②应对措施：提前介入设计工作。认真组织地勘、详勘工作。采用工程地质调绘、物探、钻探、原位测试等勘探方法，加强桥梁、隧道、高填、深挖、陡坡等路段的地质勘察；对可能存在斜坡稳定问题路段，除常规钻探试验外，利用物探，根据岩土情况，综合查明边坡稳定性；对软土地段进行加密勘察，查明软土纵、横向分布规律及下卧层岩土性质。

3.2.2 勘察设计管理大纲

为了加强项目公司勘察设计管理，提高勘察设计水平，增强对工程设计的管理力度，确保勘察设计质量，切实做到精细化设计，根据国家政策和云南省有关法律法规、标准，结合项目实际情况，制定勘察设计管理大纲。

1. 勘察设计管理内容

1) 初步设计

初步设计是整个项目总体投资控制的关键阶段，初步设计应加强专项技术研究，加强地质勘察，深化方案比选，做精做细，保证初步设计符合前期批复或核准的工程规模和技术标准，加强概算编制，合理控制投资。项目公司负责初勘初设工作大纲的审核，协调勘察设计工作进度，审查初测初勘方案，初步设计技术方案，协助上级主管部门组织初测外业验收和初步设计文件的评审会。

2) 施工图设计

施工图设计是对初步设计进行深化和校验，应当按照初步设计批复和相关规定进行详勘和施工图设计，设计标准和工程规模应符合初步设计批复的要求；详勘深度及施工图设计内容应符合《公路工程地质勘察规范》(JTG C20—2011)和《公路工程基本建设项目设计文件编制办法》等有关规定和要求。项目公司负责对全线详勘及施工图设计工作大纲的审核、全线详勘工作总体进度的控制、施工图设计进度以及其他有关的协调管理工作，协助上级主管部门组织定测外业验收和施工图设计文件的评审会。

3) 设计交底与图纸会审

使施工承包商及工程技术管理人员了解工程设计特点和设计意图，掌握工程施工的技术、标准要求，确保施工质量，彻底消除质量隐患，严格控制工程造价，优化设计，避免施工图纸中可能出现的差错；设计单位必须依据勘测设计管理制度的规定，对所提交的施工图纸，有计划、系统地进行施工图技术交底，未经设计技术交底和会审的图纸不得用于工程施工。

4) 后续设计服务阶段

项目公司负责组织设计单位进行控制性工作，以及设计交底、施工过程、设计相关技术服务和变更设计工作，参加交竣工验收及有关设计单位的会议。

2. 组织机构与职责

项目公司作为项目建设的法人单位，对勘察设计工作负有监督管理责任，项目公司总工程师是勘察设计管理工作的第一责任人，工程管理部是勘察设计管理工作的归口部门。

1) 项目公司总工程师职责

(1) 审批设计单位的勘察设计工作大纲。
(2) 审批路线平纵断面技术指标和工程地质勘察方案。

（3）主持勘察设计技术方案的专题研究和论证。

（4）协助上级主管部门组织勘察设计各阶段外业验收和设计文件的评审会。

（5）组织勘察设计单位对监理、总承包部等单位进行设计交底。

2）工程管理部职责

（1）审核设计单位的勘察设计工作大纲，并汇总有关意见，提出审查意见报总工程师审批。

（2）审核路线平纵断面技术指标和工程地质勘察方案，并汇总有关意见，提出审查意见报总工程师审批。

（3）组织、参加有关勘察设计技术方案的专题研究和论证，协助组织外业验收和设计文件的评审会。

（4）负责初勘初测、详勘定测工作的质量、进度管理及有关协调工作，建立相应的台账。

（5）复核初步设计阶段、施工图设计阶段勘察设计计量支付材料。

（6）督促、协调勘察设计单位做好项目开工至竣工阶段后续设计服务工作。

3. 初勘和详勘工作管理

1）初勘和详勘进度的监督与控制

项目公司总工程师定期组织召开一次勘察设计工作会议，设计单位应提交初勘、详勘进度情况报告及工作中存在的有关问题。工程管理部及时跟踪、检查勘察项目的实际进展情况。总工程师会同工程管理部对设计单位的初勘、详勘实际进度进行检查与核实并形成报告。工程管理部依据进度检查结果每月向设计单位提出勘察设计进度计划修改意见，修改的主要内容有以下四个方面。

（1）对比勘察设计实际进度与计划进度存在的偏差，分析影响进度的原因。

（2）分析剩余工作量在剩余的设计周期内能否完成。

（3）若能通过赶工完成勘察设计工作，则分月度制定后期的勘察工期计划。

（4）是否需要增加资源投入才能完成，如果需要通过增加资源投入才能完成勘察设计工作，则制定所需增加的资源数量及对应的每月勘察工期计划。

2）初勘、详勘的质量管理

（1）工程管理部应要求设计单位在初勘、详勘过程中对全线的地质情况进行勘探，要充分探明工程地质结构，为两阶段设计提供详细可靠的工程地质资料和数据，确保设计方案的可行性、安全性、经济性和合理性。

（2）按规范要求对设计单位在定测过程中测量的纵断高程和横断面的精度进行审查，必要时抽查设计单位给出的部分纵断高程和横断面的精度。

（3）监督设计单位按要求完善外业调查，并检查调查成果。

（4）督促设计单位为外业验收工作做好各项准备工作。

(5)总工程师和设计主管工程师协助上级主管部门组织两阶段设计图的外业验收工作。

4. 两阶段设计图管理

项目公司负责初步设计和施工图设计进度的检查监督和质量检查工作,并协助行业主管部门组织召开专题技术及设计审查会议。

1)初步设计和施工图设计进度的检查与监督

设计单位应及时提交设计工作进度情况报告及设计中存在的问题。总工程师会同工程管理部对设计单位的实际设计进度进行检查并形成报告,总工程师会同工程管理部依据设计进度检查结果要求设计单位每月对设计进度计划进行一次修改。

2)设计工作的质量检查

(1)初步设计应以批复的工可(工程可行性)为依据,提出多方案综合比选。施工图设计应以初步设计的批复文件为主要依据,全面贯彻执行批复意见。对路线方案和大型构造物等在深入调查研究的基础上进一步优化设计方案,包括确定路线具体位置,进行平、纵面线形优化设计等。

(2)督促设计单位严格按照工作大纲要求的内部审查制度执行。勘察设计成果经内审合格后提交项目公司进行审查。

(3)工程管理部应对两阶段设计的过程进行管理,参与重点工序的设计方案讨论工作,并通过对设计单位提交的各类计算书、设计图纸等中间设计成果的抽查、审核,提出切实可行的优化、修改意见,跟踪、督促设计单位落实优化、修改意见。必要时可聘请有关专家对重大技术方案进行论证,或者对大型构造物及高边坡防护、路面结构、大型桥梁、隧道设计方案等重点工程的设计作技术指导,优化设计方案。

(4)在两阶段设计文件评审通过后,工程管理部督促设计单位按照评审批复意见对两阶段设计文件进行修改、完善。

3)协助组织召开专题技术及设计审查会议

(1)对于重大技术问题或复杂的技术方案,协助或者组织召开专题技术研讨会进行技术论证与决策。

(2)项目勘察设计完成后,提请省市交通行政主管部门组织召开初测、定测外业验收会议和两阶段设计文件审查会议,项目公司负责组织各有关单位配合审查会议的召开。

5. 设计交底与图纸会审管理

1)设计交底与图纸会审要求

(1)设计单位按合同约定的施工图纸获得批复后,即可进行交底与会审。施工单位急需的重要分项专业图纸,必要时也可提前交底与会审。

(2)在施工图技术交底与图纸会审之前，项目公司、监理单位、总承包部及各项目部等有关单位须事先分别指定主管该项目的工程技术人员详细审阅图纸，并代表本单位提出审阅意见和填写设计会审记录单，在会审会前提交项目公司工程管理部汇总。

(3)设计单位须安排项目的主要设计人或了解设计情况的工地代表出席，交底与会审时间正常情况下为收到施工图后 1～2 周，一般应在施工现场进行。

(4)凡直接涉及设备制造、设备安装的，视情况由采购部门邀请制造单位代表到会，与设计单位的代表一起进行施工图技术交底与图纸会审。

(5)施工图技术交底与图纸会审工作，是设计图纸施工前的一次详细审核，项目公司、监理单位、总承包部、各项目部及班组技术人员都必须参加会议，以便全面了解设计意图并审查、确认其正确性。

2)设计交底与图纸会审程序

(1)施工图技术交底及图纸会审由项目公司主持，设计单位介绍设计意图、施工应执行的技术规范与标准、系统布置与结构特点、有关技术要求注意事项以及特殊材料使用的原因与可能的代用材料等问题。

(2)相关单位提出的图纸中存在的疑问和需要解决的问题，需要时可核查计算书。

(3)设计单位答疑，各单位针对新提出的问题进行研究与协商，拟定解决问题的办法，各方协商形成会审意见。

(4)项目公司负责编写会审纪要，并经参加会议各方会签。如会审中有个别重大技术问题意见不一致时，可在纪要的附件"设计会审记录单"中表述各方意见，由项目公司组织专题会议研究解决。

(5)项目公司负责印发会审纪要，其内容包括图纸会审的时间、地点，以及参加会审的单位及人员、会审图纸名称、附件"设计会审记录单"等内容。

(6)在正常情况下，设计单位收到施工图会审纪要后，对提出的问题在一周内书面答复，并将修编施工图或变更通知单交项目公司，经项目公司和监理单位审核，并出具施工图纸确认单，随同加盖确认章的修编施工图交设计单位。

(7)对会审纪要中提出的设计修改，必须符合已批准的初步设计原则和国家、行业等的有关设计标准、规范。若涉及初步设计原则修改等重大问题，应由项目公司报原审批单位批准，交设计单位修改。

(8)在设计图会审时，相关单位经审阅后认为没有修改意见的，应在"设计会审记录单"上写明"此设计图纸无修改意见"，但仍需参加单位会签，并由项目公司以工程联系单方式发送至有关单位。

6. 后续设计服务阶段管理

督促设计单位及时成立本项目后续服务机构，后续服务机构包括原设计人员及设计代表组。原则上原设计负责人为后续服务的负责人，现场成立设计代表组，常驻现场做好施工后续服务。后续服务配合服务年限，按照设计合同执行。后续设计服务工作主要内容如下。

（1）交桩（控制桩）工作。开工前项目公司工程管理部协调勘察设计单位提供控制桩工点表，控制桩资料包括导线桩、水准桩，以及辅助桩数据、精度、地点图等元素，设计代表现场进行交桩。

（2）技术交底工作。施工图全面交付后，由项目公司组织召开设计交底会议，设计项目负责人及各专业设计人员编制技术交底资料，现场进行技术交底工作，及时答复施工图会审中发现的问题。

（3）施工过程中与设计相关的技术服务工作。项目公司协调设计代表按程序及时解决施工单位、监理单位、地方政府等提出的相关设计问题，配合完善相关设计变更手续，做到动态设计、方案合理，提高设计质量。

（4）协调设计单位参加工程质量检查、工程质量事故调查和处理、工程验收和工程安全鉴定等工作。

3.2.3　指导性施工组织设计

施工组织设计应考虑建个元高速公路项目地形地貌、复杂的建设环境和项目重难点，并综合分析各参建单位从事山区高速公路施工管理水平和综合实力的差异。为规范统一各参建单位管理思想、管理标准，做到超前谋划、风险可控，切实提升项目管理水平，相关单位在理解勘察设计文件的基础上进一步编制指导性施工组织设计文件。该文件针对山区高速公路项目重难点进行梳理并提出应对措施，对项目总体工期安排进行系统策划，做到各开工点分层次有序开工。

1. 编制依据及原则

1）编制目的

为深入贯彻执行中国电力建设股份有限公司管理体系及管理制度，推进项目管理"统一理念，统一标准和统一执行"，规范参建各方的管理行为，切实提升项目管理水平，确保工程投资、设计、监理、进度、质量、安全等各项目标的实现，特编制指导性施工组织设计文件。

2）编制依据

（1）国家和地方政府颁布的法律法规，现行的国家、交通运输部及地方政府颁布的公路行业建设、安全生产和环境保护相关标准、规范及规程。

（2）相关批复文件及合同。

（3）各参建单位所拥有的技术装备力量、机械设备状况、管理水平、工法、科技成果、多年积累的工程施工和项目管理经验。

（4）项目工程的工程总承包单位、勘察设计单位和施工单位的设计、施工经验及综合能力。

（5）现场调查资料。

3) 编制原则

依据建个元高速公路项目总体设计的相关资料和各方意见，按照红河州交通部门的总体工期要求，结合工程的实际情况、工程重难点等进行策划及编制，同时遵循以下原则。

(1) 确保符合施工技术、安全和工程质量要求。

(2) 科学合理地安排工程各阶段的工期与控制目标。

(3) 综合考虑项目的管理水平、管理模式和管理要求，各参建单位及各专业分包商的资源投入情况、管理水平及工程经验情况。

(4) 充分考虑各标段的划分情况及接口管理的要求。

(5) 遵循山区高速公路工程建设的规律和基本程序，充分考虑工程实施过程中的各种风险，过程中进行动态调整及管控。

(6) 严格遵守国家、地方相关法律法规，充分考虑维稳、交通、文明施工、环保等要求。

2. 施工总体部署

1) 项目建设管理总目标

按照"项目公司-总承包部-项目部"三级管控体系，实现项目"安全、质量、进度、投资效益、科技创新和环境保护"六位一体的目标，全力推动建个元高速公路项目创建精品工程、优质工程和平安工程。

2) 总体施工组织安排

(1) 施工组织总体安排原则。①遵循技术先进可行、经济合理、安全可靠的原则。严格遵照相关规范文件对质量、工期、安全、环保等的要求，结合工程实际编制科学合理的施工组织设计文件，统筹规划，运用网络技术，优化人力、设备和资金的投入，尽量均衡地组织施工生产。②运用科学手段组织施工的原则。运用平行、交叉、流水等科学手段组织施工；工期安排遵循"技术领先、合理可行、留有余地"的原则。③抓好专业对口衔接与配合的原则。重视各专业间的对口组织方案，尽早落实责任主体，抓好各专业间的衔接与配合，尤其是抓好土建工程与机电、交安工程各专业间衔接与配合的落实。④全面推行标准化管理的原则。坚持"管理制度、人员配备、现场管理和过程控制"四个标准化，以工厂化、专业化、机械化和信息化作为支撑手段，实行闭环管理，全面推进标准化管理。

(2) 土建工程安排主要原则。①土建工程安排遵循"突出重点、控制节点、分批实施、均衡有序"。②隧道施工以五老峰隧道为施工关键线路组织施工，综合分析各种施工条件，实现工程整体协调推进。同时尽可能创造条件，斜井先行，组织多工作面、多工序平行交叉作业，以缩短直线工期，加快施工进度。③桥梁施工以红河特大桥为施工关键线路组织施工，引进精良的设备和技术人才强化施工装备和技术力量，提高施工生产效率，加快工程施工进度。采用适中的施工强度指标和作业时间安排施工进度计划，为与各相关环节的协调和不可预见因素留有充分的工期回旋余地，并在施工中注意均衡生产。

(3) 机电交安工程安排主要原则。①根据工期要求及工程的特点，并结合现场的实际条件，以确保实现工期及质量目标为前提，合理安排机电、交安工程的进场施工顺序，形成有规模的平行施工和有序的流水作业，力争优质高效地完成施工任务。②交安工程合理组织，提前进场配合，抓好对口组织和管理。土建沟、管、槽和柱基础等与机电消防、交安工程同步安排。加强对隧道、房建等设施预留预埋的基础、沟、槽、管线及桥梁预埋件精度的控制。③按"先地下后地上，先结构后装修，先土建后安装"的顺序，以主体结构施工为先导，实施平面分段、主体分层、同步流水施工。

3）施工进度安排

（1）总工期安排。结合项目特点，合理安排施工顺序，以组织均衡法施工为基本方法，统筹规划五老峰隧道及红河特大桥等关键控制性工程，制定建个元高速公路总体建设、总体工期及总进度计划表。

（2）分年度形象进度及任务安排。根据建个元高速公路项目总工期安排，分别从路基工程、桥梁工程、隧道工程、路面工程及交安工程等方面制定年度进度及任务安排。

（3）关键线路。红河特大桥及五老峰隧道是全线关键控制性工程，各参建单位要通力协作，采取相应措施，加强对工期控制工程的施工组织管理，确保通车工期要求。

（4）总体资源配置。为了确保工程质量，施工总承包部、监理单位必须对工程材料供应商的资质进行审查。工程总承包部督促各标段做好材料需求计划的编制工作，及时与符合资质条件的材料供应商签订材料供应合同，采购合格的工程材料进场，满足施工的需要，确保工程的顺利进行。各施工总承包部或标段适当采购和租赁部分设备，机械设备的数量、型号、性能和进出场时间安排等必须满足施工实际需要。同时根据本项目特点，按照"结构合理、分工明确、突出专业化、满足工期要求、确保质量和安全、略有富余"的原则分阶段、分专业进行劳动力配置，使技能、数量、资信、专业相匹配。

3. 施工现场平面布置

1）施工总平面布置原则

（1）施工现场平面布置应在充分调查工程所在地自然环境、地质状况、气候条件、既有房屋利用条件等的基础上，根据工程规模、特点和施工组织要求等确定。施工现场设施不得设在易产生山体滑坡、危岩、泥石流或易受潮水冲击、山谷底、低凹处、取土场、洪水侵袭和雷击的区域。

（2）现场平面规划应遵循节约用地、因地制宜、合理布置的原则，统筹规划，减少施工临时用地，降低现场临建费用。

（3）现场平面规划应保证各项施工活动互不干扰，并充分考虑水、电、路的综合安排，满足安全、环保、消防、防爆的要求。

（4）辅助生产区应临近施工区域布设，或在工程的重点位置布设，并满足相关特殊场地的要求。

（5）设施齐全：施工区域内合理布置通信、供电、供水、沉淀池、垃圾桶、防火等临时公用设施。

（6）施工现场的道路应保持畅通，并与现场的料场、仓库、机械设备等位置相协调，满足运输、行车安全等要求。便道、便桥宜利用永久性道路和桥梁。桥梁施工便道宜建在永久用地范围内。

2）施工现场构成及选址要求

施工现场由生活设施、拌和站、施工便道、便桥、弃土场、预制梁场、钢筋加工场和隧道通风设施组成。生活设施应尽可能集中设置，要有便利的交通条件，并尽可能靠近施工现场，处于所辖各施工标段的中间地段。拌和站设置要全线统筹考虑，按照有利于运输及就近原则布置，重点考虑桥隧等主要构造物施工安排，同时兼顾附近小型构造物和附属工程，结合道路、场地、电力供应等条件统筹安排。施工便道和便桥要本着"红线内优先合理布设，红线外应考虑永临结合、统筹规划、一次到位"的思路，统筹规划，便道、便桥宽度严格按设计要求控制，做到既能保证公路施工需要，又少占土地，少破坏植被。沿线取、弃土场在满足技术要求的条件下，采取就近取土方案。按照"不同填料不得在同一层混填"的规定来进行调配，并与隧道互调余缺，做到平衡、经济、合理利用。预制梁场采取分段集中制梁的方案，制梁场根据各段的桥梁位置、梁片类型、数量及当地地形条件、交通条件、征地情况来设置。钢筋加工场地应设置在桥梁、预制构件场等钢筋用量比较集中的工地，在正式开工前均应搭设规范化的钢筋棚，用于钢筋的存放与加工。管道式通风一般用于单口掘进长度 3km 以内的隧道，超过 3km 的隧道较多采用巷道式通风。

4. 施工准备

1）技术准备

技术准备包括技术质量准备和测量方案准备。技术质量准备的主要工作是熟悉设计文件、研究施工图纸、对原始资料的进一步调查分析、设计单位技术交底及制定施工方案进行施工组织设计。测量方案准备是结合施工工程的内容和具体特点有针对性地编制测量方案，用于指导各阶段测量工作。

2）施工现场准备

施工现场准备包括设计交桩、敷设施工导线和水准点、施工现场的补充钻探，通水、通电、通信、通路，场地平整、建造临时设施、施工机械的安装调试和存放、材料的试验和储存堆放、新技术项目的试验和运用。

5. 施工主要技术方案

建个元高速公路项目主要包括路基工程、路面工程、桥梁工程、涵洞工程、隧道工程、交通安全工程、绿化工程、房建工程及机电安装工程。各工程施工技术方案按照工程概况、施工总体方案安排、工期安排等制定，按照地质、环境、施工等因素，分别对其进行专项风险识别，并初步提出应对措施。各总承包部在编制实施性施工组织设计文件过程中，应根据本指导性施工组织内容并有针对性地结合施工图设计中各工程的特点,按照相关最新规范、规程、标准、规定的程序要求进一步完善细化。施工组织设计、专项施工技术方案审批后,各施工单位负责落实,应严格按其实施,保证施工有序进行,项目公司工程管理部对执行情况进行监督,总承包部及各标段项目部应自觉接受上级监督、检查。

6. 主要施工保证措施

1) 进度保证措施

建立健全进度管理体系,明确各级机构的职责,通过风险分析,制定各级进度计划和防范性对策,按照动态控制的原则,强化进度计划的分解、落实、检查、调整更新,确保总体目标的实现。

(1) 积极做好施工准备工作,确保工程按时开工。

(2) 各标段项目部应结合工程特点、工点分布情况和工期要求,合理划分施工区段,组织平行和流水作业,确保施工有序和生产均衡。

(3) 采用"工厂化、机械化、专业化、信息化"等先进管理手段,对标段的生产要素进行动态管理,按照流水作业、平行作业和完成的时间合理配置人、机、料等生产要素。

(4) 加强对设计质量、服务管理以及设计优化工作的管理,确保施工图应满足先期工程、重点工程和分步展开工程的施工需要,为全线工程正常、连续推进提供设计保证。

2) 质量保证措施

(1) 质量保证体系建设。严格按照中电建路桥集团有限公司质量管理体系有关文件要求及规定,建立和确定质量管理方针、质量管理目标及职责,建立健全项目公司规范化的质量管理体系,并在质量管理体系中通过质量策划、质量控制、质量保证和质量改进等手段来实施和实现全部的质量管理职能,确保项目公司质量管理目标的顺利实现。

(2) 质量保证措施。①组织施工图会审、现场核对及图纸交底,消除"错、漏、碰、缺";②规范工艺流程,统一作业指导书,开展技术交底;③监控生产源头,严把材料进场关;④强化过程控制,重视问题整改;⑤过程检验与专项检测相结合;⑥严格检查验收,不留质量隐患。

3) 安全管理措施

(1) 健全安全管理组织机构,实现建设管理合规化。

(2) 配备高素质安全管理人才,实现人员配备合法化。

(3) 建立健全安全生产管理制度,实现制度执行标准化。

(4) 安全制度和保证措施。

(5) 制定培训计划,开展岗前安全知识培训。

(6) 逐级建立安全生产责任制。

(7) 开展重大危险源辨识,严格风险分级管控,完善安全技术防控措施。

3.3　项目专项策划

结合指导性施工组织设计文件，在永临结合、地材及火工产品供应方面配套制定专项策划，整合项目资源，节约项目建设费用，控制投资，这也是 PPP+EPC 项目管理的一大创新。

3.3.1　永临结合策划

建个元高速公路项目沿线地形地质条件复杂，不良地质类型多、分布广，桥隧比高。项目线路具有走廊带狭窄、桥隧相连多、高墩多、山高坡陡、途经无路无人区等施工难点。施工便道修建难度大、成本高、利用率低；林地、基本农田分布广，可用场地有限；基础设施薄弱，基本无利用资源等。为避免重复建设造成浪费，应一次设计规划到位，按永久工程标准分阶段实施，在施工进场道路、房建、电力、用水等方面开展永临结合规划，有效降低项目建设成本、缩短工期，避免临时设施建设造成的资源浪费和环境污染，变两次投资为一次投资，使整个项目集约化管理优势得到充分体现。

1. 进场道路

基于本项目交通差、现有路网难以满足施工需求的现状，为改善项目现场施工条件和交通环境，造福地方百姓，更好融入地方，对施工进场道路进行系统性策划。

1) 项目设计道路改移情况

建个元高速公路全长 124.530km，其中建水至元阳段路线长度 73.403km，涉及改路 32 处，总长 10.262km。其中碎石路 28 处，宽度以 4.5m 为主，里程 6.628km；水泥路 5 处，宽度为 4.5m 和 5.5m，里程 2.009km；沥青路 3 处，分别位于桩号 K4+971、K8+468、K66+600 处，宽度均为 7.5m，里程 1.625km。其中可利用临时便道段里程 6.003km，占改路总里程的 58.5%。

个旧至元阳段路线长度 51.127km，涉及改路 36 处，总长 7.866km。其中碎石路 26 处，宽度以 4.5m 为主，里程 5.473km；水泥路共 7 处，宽度为 4.5m 和 5.5m，里程 1.95km；沥青路 3 处，分别位于桩号 LK12+144、LK12+448.8、LK12+557.5 处，宽度为 5.5m 和 8m，里程 0.443km。其中可利用临时便道段里程 2.844km。

2) 临时便道

建个元高速公路项目位于云贵高原南缘、哀牢山和红河东侧，总体上属于构造溶蚀侵蚀中山区，处于高山深谷区，全线路穿越山区、无人区，施工条件恶劣，绝大部分路段交通条件极差，既有道路存在急弯、纵坡大、路面条件差、路基宽度较窄、无排水设施、边坡存在病害等情况，在利用时必须对原有道路进行处置；新建便道高差较大、横坡较陡；总体临时道路建设困难、工程规模较大。

（1）建水至元阳段。施工便道工程规模：项目施工便道共计 161 条，总长约 210.634km，新建施工便道长 92.354km（除重要路段为混凝土路面外，多为泥结石路面），改造利用现有道路长度 118.28km。

（2）个旧至元阳段。施工便道工程规模：项目施工便道共计 97 条，总长约 161.66km，其中新建 90.19km，改造利用 71.465km。

3）永临结合情况

施工便道的永临结合主要包括互通连接线、改路，以及村村通改扩建便道，后期作为高速永久工程和当地村民使用部分。

（1）建水至元阳段规划情况。建元段涉及永临结合的道路共计 35 条，总长 80.86km，其中利用互通连接线 2 条（建水南互通连接线 0.971km，苟街互通连接线 3.085km）、改移道路 16 条（共计 6km）、既有道路改扩建 17 条（共计 71.77km）。

（2）个旧至元阳元段规划情况。个元段涉及永临结合的道路共计 18 条，总长 39.70km，其中利用互通连接线 1 条（个旧北互通连接线 2.73km）、改移道路 9 条（共计 2.8km）、既有道路改扩建 8 条（共计 34.17km）。

全线施工便道共设计 258 条，通过永临结合，充分利用互通连接线、道路改移以及既有道路共 53 条，按照永久性道路标准改建。

2. 场地

项目沿山腰布线，大部分段落桥隧结构群相连，在狭窄走廊的山谷地带可利用的场地有限，且沿线穿越林地、基本农田等。本着永临结合的原则，尽可能利用现有红线内场地，充分提高场地利用率。

1）项目配套设施场地分布情况

为保证高速公路的正常运行，本路段房屋建筑设有收费站 5 处、服务区 1 处、停车区 3 处（含两处强制加水区）、养护工区 3 处、管理分中心 2 处、大队营房 3 处、路政中队 2 处、公安交警执法站 5 处、隧道管理站 4 处。

2）施工临时设施规划情况

通过现场勘察，结合初步设计图纸，完成全线临建设施初步选址规划布置，拌和站、梁场、钢筋场、弃渣场规划等选址规划基本完成。

（1）建水至元阳段。建水至元阳段施工场地布设情况如表 3.2 所示。

表 3.2　建水至元阳段施工场地布设情况

工程名称	数量/处	占地/亩[①]
混凝土拌和站	14	140

---

① 1 亩≈666.7 平方米。

工程名称	数量/处	占地/亩[①]
隧道初支拌和站	24	120
水稳拌和站	5	75
沥青拌和站	2	36
预制场	11	132
施工营地	35	192.5
弃土场	37	2187

(2) 个旧至元阳段。个旧至元阳段施工场地布设情况见表 3.3。

表 3.3　个旧至元阳段施工场地布设情况

工程名称	数量/处	占地/亩
混凝土拌和站	9	90
隧道初支拌和站	19	95
水稳拌和站	2	30
沥青拌和站	2	36
预制场	10	120
施工营地	11	60.5
弃土场	23	1059

3) 永临结合情况

永临结合规划应遵循以下原则：①将施工场地布置在合适的房建站区内，减少施工征地；②利用的场地尽量按照永久设计的要求进行施工，减少对场地内临时工程的拆除，避免重复建设；③运营阶段附属设施尽量提前实施并在施工阶段得到利用。

(1) 建水至元阳段具体规划方案。

①K7+300 处设计规划有收费站管理区，规划面积 71 亩，可提前出征地图，施工单位使用该地作为项目经理部驻地、拌和站、钢筋加工厂、小型构件预制场。在土建施工完成后，拆除大临设施进行房建施工，场地可利用面积 48.33 亩。

②K15+450 处设计规划有收费站管理区，规划面积 15.3 亩，可提前出征地图，施工单位使用该地作为路基队伍施工营地、拌和站。在土建施工完成后，拆除大临设施进行房建施工，场地可利用面积 29.8 亩。

③K17+500 处设计规划有服务区，规划面积 97 亩，可提前出征地图，施工单位可使用该地作为项目驻地、水稳拌和站、桥梁预制场、钢筋加工厂和混凝土拌和站。在土建施工完成后，拆除大临设施进行房建施工，场地可利用面积 77.8 亩。

④K41+500 处设计规划有收费站管理区，规划面积 32.8 亩，可提前出征地图，施工单位使用该地作为桥梁施工队伍施工营地、桥梁预制场、水稳拌和站、混凝土拌和站。在土建施工完成后，拆除大临设施进行房建施工，场地可利用面积 57.8 亩。

⑤K46+400 处设计规划有停车区，规划面积 95.1 亩，路线右侧可提前出征地图，施

工单位使用该地作为项目部营地、预制场、混凝土拌和站(沥青拌和站)、钢筋加工厂等。在土建施工完成后，拆除大临设施进行房建施工。路线左侧为填方区，可提前出征地图，施工单位使用该地作为弃土场，弃土方按后期房建地基有关要求压实，根据现场施工需要，可再布置临建设施。

(2) 个旧至元阳段具体规划方案。

①LK10+980 处设计规划有收费站管理区，规划面积 77 亩，可提前出征地图，施工单位使用该地作为土建混凝土拌和站、水稳站、小型构建预制场、施工营地。在土建施工完成后，拆除大临设施进行房建施工，场地可利用面积 45.5 亩。

②LK25+650 初步设计规划有收费站管理区房建工程，规划面积 14.5 亩，可提前出征地图，施工单位使用该地作为土建施工营地及钢筋加工厂。在土建施工完成后，拆除大临设施进行房建施工，梁场可部分利用 C 匝道路面，场地可利用面积 21 亩。

③LK25+850 初步设计规划有桥隧管理区房建工程，规划面积 8 亩，可提前出征地图，施工单位使用该地作为土建施工营地及钢筋加工厂，在土建施工完成后，拆除大临设施进行房建施工，场地可利用面积 8 亩。

④LK40+900 初步设计规划有桥隧管理区，规划面积 8 亩，可提前出征地图，施工单位使用该地作为土建钢筋加工厂，在土建施工完成后，拆除大临设施进行房建施工，场地可利用面积 8 亩。

⑤LK31+000 初步设计规划有停车区，规划用地 21.4 亩，可提前出征地图，施工单位使用该地作为土建拌和站、钢筋加工厂、施工营地及油库，在土建施工完成后，拆除大临设施进行房建施工，场地可利用面积 20 亩。

综上所述，本着永临结合的原则，尽量利用现有红线内场地，充分提高场地利用率。采取提前利用收费站管理区、服务区、主线路基等场地，作为施工期间的营地、混凝土拌和站、钢筋加工厂、预制场。

3. 电力部分

建个元高速公路项目路线长，桥隧数量多，施工用电量大。经计算，施工总报装容量148.415MV·A。沿线电力基础设施落后，现有的输变电不能满足施工期和运营阶段用电需求。为兼顾施工期及永久运营用电需要，避免重复建设，达到节省建设成本的目的，项目公司前期多次组织调研并采取永临结合的方式进行统一规划，形成了具体实施方案。

1) 工区电网情况

建个元高速公路项目涉及建水、个旧、元阳三个县市，通过综合调研，了解三个县市的高、中压变电所和变电站综合情况。

2) 负荷情况

据项目公司相关人员前期调研情况，建个元高速公路(建水县、元阳县和个旧市境内段)施工期间用电负荷主要为隧道、桥梁、拌和站及驻地用电等，运营期用电负荷主要为隧道照明、通风、消防、监控、服务区及收费站用电。

3) 供电方案

（1）仅考虑施工用电的供电方案。施工期用电的特点是负荷较大，但可靠性要求较低。仅考虑施工期用电的情况下，自建变电站 35kV 高压电源及 10kV 施工供电都可以只使用单路电源即可满足施工要求。同时，自建变电所的建设方式可按临时设施考虑，可按预装式变电所设计，造价比永久性变电所低。

（2）仅考虑永久用电的供电方案。根据本项目高速公路设计单位提供的永久运营用电负荷成果分析，永久运营用电的特点是负荷较施工期负荷小，但可靠性要求较高，自建变电所的 35kV 高压电源要求配置双电源，长度超过 300m 的隧道均要求 10kV 双电源。10kV 线路不需要架设至无永久用电的地方，因此 10kV 线路会缩短一部分。另外，永久运营用电无施工变压器投资。

4) 永临结合方案

（1）建水至元阳段永临结合方案。

建水至元阳 K0～K8 段距建水县城较近、桥梁隧道较少，此段的施工用电及永久用电均可接当地 10kV 电网使用。

由于本段内有阿白寺、五老峰两个长隧道，推荐从 110kV 巴甸变电所出 2 回 10kV 专线，其中 1 回沿高速公路小里程方向架设约 14km，满足 K8～K19 段的施工负荷，施工结束就近转为永久运营电源。另 1 回沿高速公路小里程方向架设约 10km，对五老峰长隧道出入口及竖井、斜井施工供电，施工结束就近转为永久运营电源。

建议在咪的村附近选址新建 35kV 永久变电所一座，暂命名为 35kV 咪的变电所，变电容量 2×6300kV·A。出 10kV 专线 5 回，其中 1 回向小里程侧沿公路架设约 3km 至五老峰隧道出口，提供 1 路永久电源；2 回架设 2.5km 至咪的村隧道出口；2 回架设 6km 至松岭岗隧道出口，其中 1 回延伸至 3km 至尼格枢纽。以上电源线路在施工期结束后均可就近就地转为永久运营电源。

K55 之后，建水县境内无各级电源可取。建议在他白衣村附近选址新建一座 35kV 永久变电所，暂命名为 35kV 他白衣变电所。变电容量 2×6300kV·A。出 10kV 专线 3 回，其中 2 回向小里程侧沿公路架设约 13km 至克勒 1#隧道入口附近，对克勒 1#、2#隧道、大石洞隧道、陡岩村隧道、他白衣隧道实现双电源覆盖；另 1 回向大里程方向沿公路架设约 5km 至红河江边。导线截面推荐采用 LGJ-185。以上电源线路在施工期结束后均可就近就地转为永久运营电源。

35kV 陡岩村变电所电源取自建水县境内 35kV 官元变电所，因此应配套建设单回路 35kV 线路约 23km。导线截面推荐采用 LGJ-120。

（2）个旧至元阳段永临结合方案。

个旧至元阳段高速公路 K31 至尼格隧道出口段的用电方案，推荐在新民村附近新建一所 35kV 永久变电所，暂命名为 35kV 新民变电所，主变容量 2×6300kV·A，出 10kV 专线 3 回，其中 1 回向小里程侧沿公路架设约 14km 至兴隆隧道入口处，以此实现兴隆长隧道出双电源；另 2 回向大里程方向沿公路架设约 16km 至尼格隧道出口处，基本能满足个旧至元阳高速公路后半段用电永临结合要求。

35kV 新民变电所双电源取自 110kV 风筝山变电所(T 接)及 110kV 果作变电所，因此应配套建设单回路 35kV 线路约 24km(风筝山线约 12km，八宝线约 12km)。导线截面推荐采用 LGJ-120。

4. 用水部分

1) 永久用水

建个元高速公路项目全线隧道中，考虑隧道消防的需要通常在隧道口设置高低位水池，21 座隧道共需要设置消防水池 38 座，容量共计 $1.331 \times 10^4 m^3$。

2) 永临结合情况

（1）永久设施中，拟将高低位水池先期建成，供施工期间使用。由于消防用水要求使用清水，因此在施工结束后，应对高、低位水池进行清理，保证消防用水的水质要求，防止因水质差导致减压阀等的工作异常，引起超压事故。

（2）永久高低位水池优先作为施工期的主水池，主要供给营地生活用水和生产区用水，不足部分从邻近水源接入临时水池。

（3）高位水池的进水管和高位水池至洞口段出水管按照永久设施尽量一次建设到位。

（4）水源尽量能够同时满足施工期和运营期的需要。

（5）五老峰隧道入口侧高位水池选择在隧道入口端山坡上，水池容量为 1000m³，从阿西冲水源点取水，取水点与隧道进口高位水池的间距约 2500m，该段水管及水池至洞口段水管按永久方案实施。

（6）兴隆隧道入口侧高位水池选择在隧道入口端山坡上，水池容量为 1000m³，从附近自来水公司既有水池水源点取水，取水点与隧道进口高位水池的间距约 800m，该段水管及水池至洞口段水管按永久方案实施。

通过永临结合规划，将隧道消防水池提前施工，按永久设施一次建设到位，作为施工期的主水池，主要供给营地生活用水和生产区用水，不足部分从邻近水源接入临时水池。通过永临结合规划，大大缓解了施工期用水压力，节约了建设成本。

3.3.2 地材供应规划

为了满足建个元高速公路项目对砂石骨料的需求，确保砂石骨料整体质量可控，保证整个项目建设能经济、持续、有序开展，本规划充分利用当地石矿资源优势，结合弃渣利用，调度可控，供应安全，具备充足的合格砂石骨料的能力。做好项目砂石骨料规划的前瞻性，最终达到项目砂石骨料总量可供、价格稳定、质量受控、项目总体风险可控的目的。

1. 地材现状调查

1）石场开设政策

为推动当地基础设施项目建设，《云南省国土资源厅关于规范临时用地管理的通知》（云国土资〔2012〕313 号）明确了工程建设临时取土石场可申请临时用地，取得采矿权及办理采矿权登记相关手续可不用通过招拍挂程序。如不涉及基本农田和林业用地的，州（市）、县（市、区）国土资源部门即可依权限审批；涉及基本农田的，由省国土资源厅审批；涉及林业用地的，依据林地性质、规模等，按权限审批并办理《使用林地申请》。

临时取土石场的申请与常规采矿权办理相比具有时间短、审批快、手续少等优点。在不涉及基本农田和林业用地的情况下，县级国土部门即可办理，只需要编制土地复垦方案、用地勘测定界报告，不需要缴纳资源费及常规的拍卖费用，在用地结束后，按复垦方案进行复垦即可。

2）市场价格调查

采用实地调研的方法，调研了本项目沿线主要砂石场的砂石价格。这些砂石场主要生产四种规格的骨料，分别为 1#料（28～34mm）、2#料（13～28mm）、3#料（4～13mm）、4#料（0～4mm），四种骨料不含税价格为 30～46 元/t（含装车费用，不含运输费）。周边砂石厂生产骨料粒径分级与公路使用集料粒径分级（0～5mm、5～10mm、10～20mm、20～31.5mm）不同。

3）现有砂石厂情况

通过调研发现建水至元阳段砂石厂主要包括大黑山石场、灰山石场、西湖石场、苟街石场、大湾石场、益明砂石场、红阳砂石场、冷墩砂场，个旧至元阳段砂石厂主要包括甸头石场、大山脚石场、鄢鹏石场、水箐铭升石场、白家地石场、白马寨砂场。具体分布如图 3.2 所示。

图 3.2　砂石场市场现状布置

4)隧道洞渣利用料

(1)建个元高速公路项目地质岩性分布。

建水至元阳段以灰岩、花岗岩、白云岩、玄武岩、板岩等为主,个旧至元阳段以白云岩、泥灰岩、花岗岩、灰岩为主。建水至元阳段五老峰隧道之前路段围岩以灰岩为主,洞口为红黏土覆盖层,围岩条件一般;五老峰隧道进口段以泥砂岩互层为主,洞身段为灰岩和花岗岩,出口段为花岗岩,总体围岩较好,Ⅲ级占比 47.4%,Ⅳ级占比 42.6%,Ⅴ级占比10%;咪的村隧道到克勒 1#隧道围岩以花岗岩为主;克勒 2#隧道到陡岩村隧道围岩以白云岩、灰岩为主,局部存在板岩;他白依隧道到大呼山隧道围岩以千枚化板岩以及强风化砾岩为主,围岩很差。总体隧道围岩Ⅲ级占比 35.8%,Ⅳ级占比 43.8%,Ⅴ级占比 20.4%。

个旧至元阳段隧道围岩除新民 2#隧道为石英砂岩和清水沟隧道为粉砂岩外,其他隧道围岩以灰岩、白云岩、花岗岩为主,总体围岩较好。兴隆隧道进口段为中厚层灰岩、大理岩,中间段存在断层破碎带,出口段为花岗岩,局部风化严重,总体围岩较好,Ⅲ级占比 52.7%,Ⅳ级占比 26.6%,Ⅴ级占比 20.7%。总体隧道围岩Ⅲ级占比 57.3%,Ⅳ级占比27.7%,Ⅴ级占比 15%。

(2)建个元高速公路项目隧道Ⅲ级围岩分布。

根据初步设计图,隧道Ⅲ级围岩拟作为可利用碎石加工料,Ⅲ级围岩洞渣总量约$465.8×10^4m^3$。建水至元阳段隧道可利用料总量约 $214.5×10^4m^3$,主要分布在阿白寺、五老峰、咪的村隧道,可利用石方量约 $141×10^4m^3$,大致分布在五老峰隧道出口段。个旧至元阳段隧道开挖可利用料总量约 $251.3×10^4m^3$,主要分布在大山、上寨、兴隆、斐古、尼格隧道,可利用石方量约 $202×10^4m^3$。其中上寨、兴隆隧道Ⅲ级围岩总量占本线路的 48%,可利用石方量约 $118×10^4m^3$,大致分布在兴隆隧道进口。

结合工程实际情况分析和现有的加工系统布置现状,对本工程的混凝土骨料供应量、各存渣场的隧道开挖料利用及调配等问题进行系统的分析,编制本工程砂石骨料料源调配规划。

2.砂石骨料总体规划

根据建个元高速公路(初步设计方案)所需混凝土量测算,本工程共需成品砂石料约 $1170×10^4t$(未包括互通、路面上面层等所需砂石料量)。经前期调研,沿线周边现有砂石料厂规模小,产量少,且质量参差不齐。据统计,周边 14 座砂石场生产总量不超过 $14×10^4t/月$,能为本项目正常供应的砂石骨料不足 $6×10^4t/月$,项目砂石骨料需求缺口约 $1000×10^4t$。

项目公司统筹规划,制定了砂石骨料全部外购方式、建设取料场和砂石系统加工供应方式、利用隧道洞渣可用料加工砂石骨料+外购方式、以上方式混合等四种方案。

1)方案一:砂石骨料全部外购方式

(1)根据现状调查沿线有 14 个已建成的砂石加工厂,供应可覆盖全项目工点,但运输距离较远,最远超过 60km,且山路崎岖,运费远大于成本。

(2)建个元高速公路沿线 14 个已建成的砂石加工厂生产能力有限，月生产能力 50×10⁴t，月余量约 14×10⁴t(主要为砂)，不能满足工程进度需求。此外，砂石厂生产质量参差不齐，难以保障质量。

2)方案二：建设取料场和砂石系统加工供应方式

(1)根据现场地质勘探情况，能满足加工砂石骨料的点不多。建水至元阳段仅有尼格、陡岩、小寨三个点基本具备取料砂石加工的条件。个旧至元阳段大山、丫沙底具备取料砂石加工条件。以上取料场具体储量还需要进一步详勘确定，砂石加工系统骨料富余量存在风险。

(2)按照现场砂石加工系统平面布设，建水至元阳段桩号 K27～K45 段(五老峰隧道出口段至松岭岗隧道进口)由小寨砂石系统供应，运输距离超过 35km。K67 至标尾段(元阳段)若由陡岩砂石系统供应，沿红河绕元阳县至标尾运输也超过 30km。个旧至元阳段 K14～K36 段(兴隆隧道进口至新民 2#隧道进口)砂石骨料难以满足，特别是新民 1#、2#隧道段交通不便，平均运输距离超 15km。根据地质现状采用自建砂石系统提供骨料。

(3)预计砂石骨料需求时间 27 个月，平均每月生产强度 43.3×10⁴t。单条灰岩生产线 150t/h，共 4 条生产线；单条花岗岩生产线 250t/h，共 1 条生产线。正常工作时间平均每天 10h，5 条生产线总生产量 25.5×10⁴t/月，缺口 17.8t/月。项目施工高峰期砂石骨料需求强度为平均强度的 2～3 倍，按照最低 2 倍计算，需求强度为 86.6t/月，砂石系统按照 20h 满负荷运行计算，5 条生产线总生产量最高达到 51.5×10⁴t/月，缺口 35.6×10⁴t/月。5 条生产线生产强度无法满足全线进度需求。

3)方案三：利用隧道洞渣可用料加工砂石骨料+外购方式

(1)根据初步设计图，隧道Ⅲ级围岩基本可作为可利用碎石加工料。建个元高速公路项目隧道可利用洞渣毛料总量达到 465×10⁴m³，可以生产约 930×10⁴t 砂石(花岗岩 2.4～3.1t/m³，石灰岩 2.3～3.0t/m³，本项目取值 2.0t/m³)，项目需求砂石缺口约 240×10⁴t。

(2)从周边现有砂石厂外购 240×10⁴t 砂石骨料。根据现状调查情况，市场现有砂石料余量约 4×10⁴t/月，工期内基本累计供应 110×10⁴t，缺口 130×10⁴t。砂石余量主要在建水至元阳桩号 K0～K10 范围内，该段余量外运 10km 以外，成本较高。

(3)隧道可利用洞渣统一进行规划堆放，设置大型砂石加工系统进行加工，统供全线，既解决弃渣问题也可解决工程主要砂石骨料用量问题。但建个元高速公路项目隧道数量多、布设分散，且在山区无路地段，即使统一规划几个洞渣利用率较高的隧道，利用率也不超过隧道Ⅲ级围岩总量的 70%。此外，砂石料供应到工点的距离也超出合理的正常运距。

(4)初设图纸中隧道Ⅲ级围岩可利用料数量、分布等情况本身存在不确定性，集中堆料加工砂石存在较高风险。

4)方案四：混合方式

(1)综合现状石场调查、设计图纸洞渣可利用料的情况、现场地形地貌、经济性、合理性等因素，项目所需砂石骨料以自我供应为主、外购为辅。主体一般工程通过自建加工砂石骨料系统供应,少量外购补充。自我供应的思路是尽可能利用隧道Ⅲ级围岩洞渣加工,尽量少建取料加工砂石厂。外购主要是为了满足特殊情况需求,例如线路无砂石系统供应且周边无可用的合格砂石料,或桥梁预制梁高强混凝土需要天然砂料等。

(2)自供砂石骨料计划总量 $1130×10^4$ t,其中隧道可利用洞渣加工规划 $600×10^4$ t,建取料砂石加工系统供应砂石料规划 $530×10^4$ t,外购砂石骨料量约 $40×10^4$ t(建水至元阳桩号 K0~K20 段除通过隧道提供洞渣外缺口 $40×10^4$ t)。

(3)在交通不便的隧道进出口布设移动式破碎筛分站加工隧道洞渣,降低成本。隧道洞渣加工规划 $600×10^4$ t,隧道Ⅲ级围岩利用率达到约 65%。

5)方案比选

方案一中根据现状调查情况,市场骨料余量有限,该方案不可行;方案二中砂石系统加工生产强度与工程进度需求匹配度存在较大风险;方案三中隧道Ⅲ级围岩可利用料量存在不确定性,实际操作中风险较高;方案四以自我供应为主,外购适当补充。自我供应为自建料场和利用隧道洞渣的方式,既最大限度利用了隧道洞渣也降低了运输成本,形成料源优势互补,确保砂石骨料总量供应稳定、质量受控、价格合理。

通过方案比选,砂石骨料以利用隧道洞渣加工和建取料加工砂石厂供应为主,部分外购补充的规划方案相对合理,可操作性强。

3. 砂石骨料具体规划

1)规划简述

在建个元高速公路沿线拟建 17 个砂石系统和 5 个取料场,砂石系统采用移动破碎筛分站,其中 10 个沿建水至元阳高速公路路线布置,7 个沿个旧至元阳高速公路路线布置,拟建砂石系统计划供应砂石料约 $1130×10^4$ t。

充分利用建个元高速公路沿线现有的砂石加工厂,建水县标头段砂石料计划可采购 $40×10^4$ t。其中计划灰山石场可供应砂石料 $40×10^4$ t,苟街石场、大湾石场、益明砂石场、大山脚石场基本满足当地市场需求,作为小量供应应急备用。

此外,为避免隧道围岩分布的不确定性,尽可能利用隧道洞渣,减小砂石骨料的供应风险。根据工程进展的实际情况,特备选 3 个砂石系统以满足工程需求。砂石系统分别设在克勒 1#隧道进口、上寨隧道进口、兴隆隧道进口。

2)建水至元阳段规划

建水至元阳段沿线分别在小寨(K11 附近)、阿白寺隧道进口、阿白寺隧道出口、五老峰隧道出口、咪的村隧道出口、松岭岗隧道进口、尼格枢纽、克勒 1#隧道出口、陡岩村隧道进口、陡岩位置拟建设 10 个砂石系统。其中,7 个砂石系统利用隧道洞渣加工;另外 3 个为拟建取料场及砂石加工系统,即小寨砂石系统、尼格砂石系统和陡岩砂石系统。

桩号 K0~K27 段基本由小寨砂石系统、阿白寺隧道进口砂石系统、阿白寺隧道出口砂石系统 3 个砂石系统供应,其中桩号 K0~K10 标头段要通过当地砂石厂采购一部分砂石骨料。桩号 K27～K34 段由五老峰隧道出口砂石系统提供骨料，桩号 K34～K42 段由咪的村隧道出口砂石系统供应，桩号 K42～K45 段松岭岗隧道进口砂石系统供应，桩号 K45～K53 段由尼格砂石系统供应，桩号 K53～K56 段由克勒 1#隧道出口砂石系统供应，桩号 K56～K61 段陡岩隧道进口砂石系统供应，桩号 K61～K72 标尾段由陡岩砂石系统覆盖，元阳段采用长距离运输方式进行供应。

3）个旧至元阳段规划

个旧至元阳段沿线分别在大山隧道进口、兴隆隧道进口、兴隆隧道斜井进口、新民 1#隧道进口、新民 1#隧道出口、丫沙底、斐古隧道出口拟建 7 个砂石系统。其中，5 个砂石系统利用隧道洞渣加工；另外 2 个为拟建取料场及砂石加工系统，即大山砂石系统和丫沙底砂石系统。

桩号 K0～K12 标头段主要由大山砂石系统供应，桩号 K12～K18 段考虑由兴隆隧道进口砂石系统供应，桩号 K18～K22 段由兴隆隧道斜井出口砂石系统供应，桩号 K22～K32 段由丫沙底砂石系统供应，桩号 K32～K34+500 段由新民 1#隧道进口砂石系统供应，桩号 K34+500～K36 段由新民 1#隧道出口砂石系统供应，桩号 K36～K43 基本由丫沙底砂石系统供应，桩号 K43～K46 段由斐古隧道出口砂石加工系统供应，桩号 K46～K49 标尾段共用尼格砂石系统。

3.3.3　火工产品供应及保障措施

建个元高速公路项目共有 29 座隧道，开挖总量约 1194×10^{4}m^3，路基石方开挖约 1530×10^{4}m^3，需要炸药量约 2×10^{4}t，火工产品供应和保障是影响工期的关键。火工产品的供应影响整个项目的建设工期及经济效益，为保证项目建设火工产品供应的及时和稳定，使项目建设过程中的风险、成本可控，项目公司组织对当地火工产品进行了调研，形成了火工产品供应策划方案。

1. 火工产品需求量

隧道开挖量、路基石方量是初步设计送审稿的工程量，取料场砂石料需求量为《红河州建水(个旧)至元阳高速公路砂石骨料供应调研及专项规划》确定的工程量。

本项目建水至元阳段、个旧至元阳段各分项工程炸药需求量见表 3.4。

表 3.4　炸药需求量统计

序号	工程	总需求量/t	路基需求量/t	隧道需求量/t	取料场需求量/t	备注
1	建水至元阳段	9560.36	3942.8	4740.06	877.5	建水县 8779.11t，元阳县 781.25t
2	个旧至元阳段	6537.27	2183.6	3476.17	877.5	个旧市 6537.27t
	合计	16097.63	6126.4	8216.23	1755	

1）建水至元阳段

(1) 隧道炸药需求量。初步设计确定开挖断面为 103.35m^2，综合单耗为 0.7kg/m^3。建水至元阳段隧道炸药总用量约 4740.06t。

(2) 路基石方炸药需求量。挖方总量为 985.7×10^{4}m^3，炸药综合单耗为 0.4kg/m^3，炸药总用量约为 3942.8t。其中元阳段路基炸药总用量约 522.4t，建水段路基炸药总用量约 3420.4t。

(3) 取料场炸药需求量。取料场炸药综合单耗为 0.65kg/m^3，建水县内工程量为 135×10^{4}m^3，炸药需求量为 877.5t。

2）个旧至元阳段

(1) 隧道炸药需求量。初步设计确定开挖断面为 103.35m^2，综合单耗为 0.7kg/m^3。个旧至元阳段隧道炸药总用量约 3476.17t。

(2) 路基石方炸药需求量。挖方总量为 545.9×10^{4}m^3，炸药综合单耗为 0.4kg/m^3，炸药总用量为 2183.6t。

(3) 取料场炸药需求量。取料场炸药综合单耗为 0.65kg/m^3，个旧市内工程量为 135×10^{4}m^3，炸药需求量为 877.5t。

2. 市场调查

1）当地政策

经与地方公安局对接，根据红河州对民爆物品管理的相关要求，红河州除现有的 5 家已备案的爆破公司外，目前暂不考虑新增涉爆单位的备案申请，红河州境内的施工项目爆破作业，只能委托在当地已备案的爆破公司实施。

2）新增涉爆单位备案

(1) 新增涉爆单位的条件。根据《民用爆炸物品安全管理条例》第三十一条规定，申请从事爆破作业的单位，应当具备下列条件：①爆破作业属于合法的生产活动；②有符合国家有关标准和规范的民用爆炸物品专用仓库；③有具备相应资格的安全管理人员、仓库管理人员和具备国家规定执业资格的爆破作业人员；④有健全的安全管理制度、岗位安全责任制度；⑤有符合国家标准、行业标准的爆破作业专用设备；⑥法律、行政法规规定的其他条件。

(2) 新增涉爆单位县(市)治安大队备案的条件。新增涉爆单位先在州治安大队备案，再到县治安大队备案，要求在备案县(市)有一座炸药库；备案应在炸药库建成并验收合格后方可进行，现场临时炸药库的建设及安评周期较长，一般在 3 个月左右，在各项条件具备及资料齐全的情况下，一周左右即可完成。爆破作业备案应提交以下资料：①项目立项文件；②中标通知书、施工合同及开工许可证；③施工单位资质；④爆破资质(等级无要求)；⑤营业执照；⑥安全生产许可证；⑦施工单位法人爆破安全证及身份证复印件；⑧三大员作业证复印件；⑨三大员职责；⑩炸药库管理制度；⑪爆破安全管理制度；⑫爆破应急预案；⑬爆破施工技术方案；⑭炸药库平面布置图；⑮建库方案及安评报告。

3) 爆破公司分布及规模

(1) 建水至元阳段。截至 2018 年，在建水县及元阳县备案的爆破公司共 5 家(分别简称为公司 A～公司 E)，其中，公司 D 和公司 E 由于工作任务较重，暂无能力接受新的项目，公司 B 只能承担部分爆破施工任务。

(2) 个旧至元阳段。根据项目组前期对个旧市备案的爆破公司的调查，公司 C 办公地点在蒙自市，在蒙自有 20T 炸药库一座，在个旧有 5T 炸药库一座，在红河州范围服务多项爆破工程。公司 F 计划在个旧市建立分公司，但与个旧市公安局对接后被告知备案困难，暂不考虑与其合作。公司 E 在个旧市有 1 座 20T 炸药库，在红河州范围内服务多项爆破工程(草坝重点引水工程、蒙文砚、元江公高速、泸西高速、新鸡高速等)，由于工作任务较重，无能力接受新的项目。

4) 对周边已开工项目的调查

建水至元阳段：经对附近已开工的元蔓高速公路的调查，元蔓高速公路项目 2017 年 2 月 12 日开始实施爆破作业，爆破作业全部委托地方的民爆公司实施，火工产品价格无浮动。

个旧至元阳段：在附近的项目中，对新鸡高速第七标段项目部进行了解，他们采用的方式基本为爆破公司负责火工产品的审批、运输、仓储等工作以满足施工需要。

5) 火工产品价格的变化情况

经过对云南火工材料市场的调查，了解到自 2014 年公安部放开火工材料市场供应，全国陆续有多个大型火工产品厂家进入云南市场，外地厂家的进入，加剧了火工材料市场的竞争，导致 2014 年至今火工材料价格逐年缓慢下降。由于外省火工企业进驻，云南省火工产品企业多数处于亏损状态，对于该情况暂不确定在今后的几年里云南省是否会针对火工材料市场制定新的政策，以扭转本省火工材料企业亏损的局面。如果出现类似情况，火工产品价格必然会有上涨趋势，这将直接导致施工成本加大。为降低成本风险，可以在和火工材料厂家进行合同谈判的过程中，通过合同约束双方责任以实现风险共担或风险补偿，最大限度地降低风险引起的损失。

3. 爆破公司合作分析

建水、元阳、个旧各爆破公司合作条件：由施工单位根据施工需要在施工现场建设临时炸药库，爆破公司协助负责临时炸药库建设的选址、审批、验收等手续，初步确定临时炸药库建成后交由爆破公司运行管理。爆破公司负责火工产品的审批、运输、仓储等工作，并承担相应风险。施工单位爆破作业持证人员可编入合作的爆破公司统一管理，也可由爆破公司代培部分爆破作业人员编入合作的爆破公司。

4. 现场临时炸药库建设及管理

1) 炸药库建设规划

(1) 建水至元阳段。总承包部根据隧道的分布情况，初步规划了炸药库的建设：在建水县境内的工地建 2 座 15T 炸药库，分别保证余初山、阿白寺隧道及咪的村隧道施工需要。在松林岗、大石洞分别建 5T 炸药库，供松林岗隧道、克勒 1#隧道、克勒 2#隧道、大石洞隧道及斗岩隧道使用。另建设 10T 临时炸药库 3 座 (坡头炸药库、克勒炸药库、他白依炸药库)，坡头炸药库供应放马坪隧道及部分路基；元阳界范围内建设 5T临时炸药库 1 座 (供大呼山隧道及路基使用)，炸药库具体位置还须报请地方公安机关共同确定。

(2) 个旧至元阳段。总承包部根据全线结构物的规划布置，共设置了 10 座炸药库，其中建设规模 5T 炸药库 3 座、10T 炸药库 5 座、15T 炸药库 2 座，供全线隧道和路基开挖使用。为保证控制性工程兴隆隧道能顺利开工，在进口处设置兴隆隧道进口炸药库供兴隆隧道进口和上寨隧道使用，兴隆隧道出口和斜井之间设置了兴隆隧道出口炸药库供兴隆隧道出口和斜井使用，炸药库具体位置还须报请地方公安机关共同确定。

2) 炸药库的管理

(1) 临时炸药库以爆破公司的名义进行建设，民爆公司须按照规定配备炸药库管理、炸药押运等相关人员及设施，项目部设专人监管炸药库，并按火工产品管理相关规定制定相应管理制度。

(2) 施工单位爆破作业持证人员可编入合作的爆破公司统一管理，也可由爆破公司代培部分爆破作业人员编入合作的爆破公司。

5. 保障措施

(1) 各标段项目部根据施工环境及施工特点，合理布置现场临时炸药库，库容应能满足施工需要，并根据实际施工需要，及时做好火工产品使用计划，尽可能降低供应风险。

(2) 在爆破服务协议中明确，如果爆破公司不能满足项目施工需要或者发生其他违约行为，甲方可随时终止协议，更换爆破公司，促使爆破公司提高服务质量，降低供应及价格风险。

(3) 各标段项目部必须有专人对火工产品使用的各个环节进行监管，确保火工产品的安全管控。

(4) 各标段项目部及时做好对爆破公司的履约评价，发现问题及时纠正。

(5) 加强与地方主管部门的沟通联系，争取更大的支持，保证火工产品审批、使用管理环节的顺畅。

3.4　项　目　设　计

3.4.1　项目联合设计

在完成踏勘调研的基础上，项目公司从组织体系、标准要求、进度管理、设计质量和沟通协调机制等方面进行了系统性规划，确定了"事前指导、过程控制、结果负责"的设计原则，确定了开展联合设计、统一设计的理念和标准。通过召开专题会议等方式，统筹协调各单位一同进行图纸预审，过程中施工单位须说明工程施工需求，结合设计成果明确具体技术方案及措施。

1．总体设计

重大项目存在联合设计方式时，项目公司应明确总体设计单位，即牵头单位，牵头单位对总体质量、进度、成本全面负责，联合参与的单位在工作方式、进度、质量等方面原则上须服从总体设计单位的相关要求。

总体设计单位对于工作计划、重大方案的制定或调整，依据相关法律、法规要求，本着适用、经济、美观、环保等原则执行，但需按照行业规定完善相关程序或手续；项目公司可以提出对方案的异议，总体设计单位需配合进行沟通、汇报等相关工作，对于重大争议采用设计联络单或会议形式解决。

2．内外沟通协调

1）沟通原则

(1)项目公司给总体设计单位提供项目公司组织框架，明确项目公司参与沟通的人员，总体设计单位同时配套沟通人员；原则上总体设计单位在勘察设计过程中不轻易更换现场沟通人员，否则须得到项目公司认可。

(2)结合项目特点，总体设计单位应识别沟通对象，项目公司有责任将一些非直接利益影响人但应被沟通的人员提供给总体设计单位，同时合理利用自身权限协助总体设计单位完成沟通，控制沟通风险、保证沟通的完整性和效果。

2）沟通计划

(1)总体设计单位应制定外部沟通计划，并有序执行。

(2)总体设计单位应定期与项目公司指定人员进行沟通、汇报，可以采用当面、短信或邮件等方式，沟通内容包括成本、进度、质量、风险及应提请协调解决的事项等内容。

(3)在生产过程中总体设计单位原则上要将周报以电子形式发送给项目公司。

3. 联合承担工作

1)工作方式

(1)建立定期的例会制度,总体设计单位牵头、联合单位负责人参与,总体协调项目过程中出现的质量、沟通和进度问题,必要时形成会议纪要指导下阶段工作。

(2)总体设计单位联合其他单位形成项目组集中办公,保证沟通顺畅,纳入设计项目组统一协调和管理。

(3)工作任务采用工作联系单方式,保证输入、输出文件有据可依。

2)联合承担工作安排

在项目公司的总体指导下,总体设计单位应对联合参与单位的勘察、设计、服务等能力进行全面识别,提出合理的工作安排、分配方案供项目公司决策。

3)风险识别及管控

项目运作、执行过程中,总体设计单位对设计质量、进度进行全面把控,承担总体责任;对于设计质量、进度可能存在的风险,应及时提醒联合单位并及时向项目公司汇报,同时提出合理的解决方案。

总体设计单位结合区域情况及项目特点合理制定勘察方案,对于勘察过程中的质量、进度可能存在的风险及时地进行识别,要求联合单位提出改进措施,总体设计单位对改进措施及成果进行跟踪检查直至满足质量要求,进度由项目公司监管。

4. 分包工作

1)分包内容

项目水文分析、场地地震安全性评价、重点桥隧安全风险评估以及涉铁安全性评价报告等工作由第三方具有相应资质、经验丰富的单位承担。总体设计单位结合项目特点和行业要求合理提出分包内容。

2)分包单位选择

总体设计单位须向项目公司汇报可能的分包单位,在获得授权后本着质优、价优、进度优的原则选择分包单位,由总体设计单位代表项目公司委托分包单位,费用由项目公司承担。

3)分包单位管理

(1)进度。总体设计单位指定本公司或联合单位专人对接、检查、管理分包单位;对于分包单位的工作分阶段检查,控制进度;分包单位的工作成果应配合项目整体运作的时间需要。

(2)质量。项目工程进度要求高,相关文件要及时提供给分包单位,避免影响分包单位的工作量及质量;分包单位在工作大纲编制时应充分把握项目特点,避免对工作成果质量造成影响,总体设计单位或联合单位应对阶段成果进行监控。对于部分无法控制的风险,应及时与项目公司及地方行业等相关部门沟通,避免风险扩大,将风险损失降至最低。同时,外包单位分包成果要确保给予项目总体设计足够的支撑,保证项目审批通过、保证审查效果,总体设计单位或联合单位负责监管。

(3)服务。分包单位在提供及时、高质量报告的同时,过程中主动与行业审查人员或省内专家沟通,并及时向总体设计单位或联合单位汇报,同时配合总体设计单位或联合单位为项目公司的相关工作服务。

5. 质量保证

1)质量保证体系

项目公司要求联合单位等执行总体设计单位的质量保证体系,体系执行过程中总体设计单位应将质量保证体系提前灌输给联合单位。

2)质量保证措施

总体设计单位在质量保证上应做好以下四方面工作。

(1)组织框架。建立健全的项目组织机构,建立合理的沟通机制,明确人员职责分工,保证项目推进过程中各单位及各专业之间的协调。

(2)设计过程管理。处理好质量与进度、质量与效益之间的关系,编制合理的工作大纲,将质量保证措施落实到设计的全过程中。加强关键工序的管理,及时提出整改、优化方案,规避或控制可能存在的风险。严格进行过程控制,使设计工作做到规范化、程序化,保证项目设计成果的高质量。

(3)方案审查。集中力量对各阶段专业方案进行审查,确保设计方案的合理性和设计文件高质量。根据工作进展情况及时向项目公司、交通或行业主管部门汇报,接受指导和检查。

(4)加强与项目公司、行业主管、审查机构等的沟通协调。测设过程中,加强与项目公司、交通主管部门的信息沟通。与咨询单位或审查机构就设计工程方案深入沟通,尽量确保过程成果得到外部认可,控制后续审查、审批风险。设计过程中加强与公路、市政、水利、铁路、部队等主管部门的联系,一般以文函或电邮形式进行确认,避免沟通协调不畅带来的风险。

6. 进度保证

总体设计单位在进度保证上应做好以下三方面工作。

1)进度计划

判定不同阶段的进度需求,牵头制定合理的勘察、设计进度计划。

2) 进度保证

总体设计单位及联合单位等应配备相应的人力资源保证进度。加强事先指导、中间检查工作，促进进度目标的实现。

3) 进度控制

主动控制：动态管理工序，结合中间检查及时修正进度计划，优化人力、设备资源等配套方案。

被动控制：对于一些非主观因素影响但对进度造成极大风险的事件，及时报告项目公司及行业主管等相关部门，及时、主动提出被动更改方案，避免造成更大的损失。

3.4.2　项目动态设计

项目动态设计指设计指导施工、施工反馈设计，使项目建设中设计和施工相互衔接。项目公司为了加强设计和施工的紧密配合，做到施工理解设计、设计考虑施工，结合交通运输部、云南省最新管理办法，制定了动态设计管理办法。

1. 动态设计原则

(1) 结合相关法律、法规的规定，制定相关设计变更管理办法。

(2) 参建单位包括项目公司、勘察设计单位、监理单位、专项检测单位、中心试验室、总承包部、标段项目经理部等相关单位。

(3) 各参建单位在开工前，应对设计文件、施工图表资料进行认真研究，领会、掌握设计意图，在现场逐项实地认真复查核对，确保建设投资控制在批准概算或预算范围内。

2. 动态设计变更范围

(1) 设计变更范围包括：路基、路面、桥涵、隧道、机电、交通安全设施、绿化、房建工程、附属设施及其他。

(2) 项目设计变更应当符合国家有关公路工程强制性标准和技术规范的要求，符合公路工程质量、安全和使用功能的要求，符合国家发展战略、国土空间规划、环境保护、水土保持、绿色公路等要求。设计变更工作应做到理由充分、方案科学合理、界面明确、数量精准、手续完善。

(3) 施工图设计文件经批准后，原则上任何单位和个人不得随意变更。如经现场核对，或者在实施过程中有下列情形之一，确有必要进行设计变更时，可按变更设计提出具体要求。

① 设计有明显错误、遗漏或违反技术标准及技术规范，应修改、完善设计的。

② 因自然条件 (水文、地形、地质情况) 导致与设计出入较大的。

③ 有更好的比较方案，能在提高标准或不降低标准的前提下，减少工程量、节省投资、少占耕地、缩短工期、确保工程质量、安全环保或改善施工及使用条件的。

④采用新技术、新工艺、新材料，能提高工程使用寿命，提高服务水平，降低运营、养护成本，或提高行车安全性，而不增加投资或者增加投资较少，或虽增加投资但能在运营期取得显著经济和社会效益的。

⑤因路网、城市、农田、水利、工矿、环保、文物以及地方工作等方面不可预见的因素，需要进行设计变更的。

3. 参与方工作职责

1）项目公司

设计变更管理工作由项目公司工程管理部牵头负责，定期组织召开设计变更委员会议及专题会议等。其他部门根据各自职责予以配合，勘察设计单位、监理单位、专项检测单位、中心试验室、总承包部、标段项目经理部参与。

（1）工程管理部门负责组织项目公司相关部门、勘察设计、施工、监理等单位及有关专家对设计变更建议进行安全质量、经济、技术论证。根据设计变更审批权限和相关要求，应及时分别上报项目公司设计变更委员会、交通行业主管部门，并跟踪落实。

（2）工程管理部门负责对设计变更的建议及理由进行审查核实，督促勘察设计单位完成设计变更方案咨询和审查的具体工作。尤其对重大设计变更和较大设计变更工程质量安全、结构耐久性、结构安全储备等要与政府工程质量监督部门进行沟通，并获得其书面同意和认可。

（3）工程管理部门负责对总承包部、监理单位审核签认并统一上报的设计变更资料(含设计变更方案、变更工程量等资料和变更图纸、影像资料等支撑性文件)进行审核，进一步确保设计变更资料的完整性、合规性及有效性。

（4）计划合同部门关于项目的工程造价管理、设计变更活动等，应加强与政府工程造价管理部门的沟通协调，将设计变更费用提交工程造价管理部门审核，并取得相关书面审核报告。

（5）计划合同部门参与设计变更方案相关会议，并负责对设计变更资料中的项目单价(含新增单价)进行审核，对涉及经济比选的设计变更方案，参与现场变更会和变更方案的确定，对上报的变更费用进行审核。

（6）征地拆迁部门应依据国家和项目所在地征地拆迁相关政策、补偿标准等，在设计变更工作中提供相应的服务和指导。对于涉及征地拆迁的设计变更方案，该部门参与现场设计变更会和变更方案的确定，并对设计变更中征地拆迁相关事宜进行跟踪和落实。

（7）征地拆迁部门还应就勘察设计单位在设计变更中因征地拆迁相关缺项、漏项导致的设计费用有较大增减等问题，参与履约考核或信用评价等相应管理工作。

（8）财务管理部门应本着加强工程造价管理、确保项目质量安全、严格控制建设投资的原则，按照设计变更相关规定和要求制定相应的项目投资控制管理办法，并明确设计变更增加的资金来源等内容。

2) 勘察设计单位

(1) 对设计变更要提供明确的书面意见，主要内容包括确保设计变更理由的充分性、变更方案的合理性、变更数量和界面的精准性，以及导致变更的原因分析的恰当性。具体负责跟踪勘察设计、咨询、审查单位对重大、较大设计变更的审查等工作。

(2) 参加项目公司组织的设计变更方案相关会议，以工程变更现场处理卡(或会议纪要)为依据，按照相关要求和计划提交变更设计文件，并进行勘察设计工作(必要时)，及时将变更设计文件提交至项目公司。

3) 监理单位

(1) 参加项目公司组织的设计变更方案相关会议，对设计变更原因、责任分析、设计变更方案等提出明确意见。严格执行监理程序，有效监督设计变更方案实施，并按要求做好现场相关资料的记录和确认。

(2) 结合现场实际情况，对总承包部报送的设计变更申请资料进行严格的全面审核，过程中主动对设计变更工作存在的各种问题进行收集和反馈，最后按规定签发《工程变更令》。

4) 专项检测单位和中心试验室

参加项目公司组织的设计变更方案相关会议，提出专业化和合理化建议，及时按变更工作需要提供真实、可靠、规范的试验检测报告等技术支撑材料。

5) 总承包部

(1) 参加项目公司组织的设计变更方案相关会议，对标段项目经理部报送的设计变更资料进行全面审核，及时按程序上报监理单位审核。负责设计变更工作统一报送、审查跟踪、汇总分析、反馈等过程管理工作。

(2) 发挥集中统筹管理作用，对所辖标段项目经理部设计变更工作进行管理，明确相关责任人和专职人员，督促设计变更方案落实，做好设计变更资料的收集、审核和过程问题整改等工作，整体管控设计变更资料的合法合规性。

6) 标段项目经理部

(1) 参加项目公司组织的设计变更方案相关会议，负责按多方确认的设计变更方案或变更设计图进行变更资料的编制、申报，并具体实施，及时按程序上报总承包部审核。

(2) 遵循设计变更流程，及时准确提出设计变更申请，严格按照变更方案进行施工，留存好合规的影像资料和验收记录等支撑性材料。设置专职人员，对设计变更相关资料进行统一管理，及时主动跟踪完善审核、签证等程序。

3.5　本　章　小　结

本章介绍了项目筹备中地质勘察和踏勘调研基础保障工作,结合建个元高速公路项目特点,提出项目管理策划大纲、勘测设计管理大纲、指导性施工组织设计,从永临结合策划、地材供应规划、火工产品供应及保障措施三个方面制定了项目专项策划方案,提出了项目联合设计和项目动态设计方法。

(1)从地质勘察和踏勘调研两个方面开展项目筹备,阐述了地质勘察目的及任务、工作依据、内容、方法,项目公司联合各参建方,制定了项目前期踏勘规划,制定了沿线资源供应保障措施和方案。

(2)主动超前制定了项目管理策划大纲,提出了项目管理总体目标、项目建设期管理规划、项目风险管理及措施。结合项目实际情况,制定了勘察设计管理大纲,介绍了勘察设计管理、组织机构与职责、初勘和详勘工作管理、两阶段设计图管理、设计交底与图纸会审管理、后续设计服务阶段管理相关内容。从编制依据及原则、施工总体部署、施工现场平面布置、施工准备、施工主要技术方案、主要施工保证措施等方面编制了指导性施工组织设计文件。

(3)结合指导性施工组织设计文件,在永临结合策划、地材供应规划、火工产品供应及保障方面配套制定了专项策划。永临结合策划主要应用于进场道路、场地、电力部分及用水部分。地材供应规划包括地材现状调查、砂石骨料总体规划及砂石骨料具体规划。从火工产品需求量、市场调查、爆破公司合作分析、现场临时炸药库建设及管理、保障措施方面制定了火工产品供应专项策划方案。

(4)确定了开展联合设计、统一设计的理念和标准,实现项目联合设计,建立联合设计的内外沟通协调、联合承担工作、分包工作、质量保证、进度保证等体系。结合交通运输部、云南省相关管理办法,制定了动态设计管理办法。

第4章 建个元高速公路 PPP+EPC 项目施工管理

针对建个元高速公路项目地质条件复杂、施工要求高及协调难度大的特点，为建设高质量优质工程，本项目深入开展精细化和标准化建设管理工作，有助于施工管理的科学化、规范化和精细化，充分平衡质量、进度、安全的三角关系；同时结合本项目建设条件和重难点，积极推进科技创新工作，科学开展项目建设管理，推进科研项目研究，针对项目实施全过程，形成设计、施工理论与实践相结合的成套化体系，为类似项目提供经验借鉴，为企业带来长远的核心技术效益。

4.1 项目施工精细化管理

精细化管理是一种管理理念和管理技术，是通过对规则的系统化和细化，运用程序化、标准化和数据化的手段，使组织管理各单元精确、高效、协调和持续运行。它的本质就是落实管理责任，促使管理责任更加具体和明确，其意义在于将战略和目标分解进行细化以及落实，将其贯穿于企业的各个环节并发挥作用，同时也是提升企业整体执行力的一个重要的途径。

将精细化管理应用于项目施工中，可以使项目施工活动更加系统化、微观化，通过数字化、标准化、程序化，能够精确、协调、有效地实施施工活动。

4.1.1 施工质量精细化管理

施工质量管理是一个系统化的全过程，是在对质量方针、目标和相关职责进行界定的基础之上，借助比较完善的质量体系，依托体系中的质量策划、控制等，按照一定的计划，依照一定的原则，通过各种管理活动的实施，确保施工质量始终处于一个比较高的水准，实现预期的质量诉求的各种活动的总和(邱曙光，2017)。

随着生产技术的不断进步，施工管理也必须不断改进，以适应施工管理的发展。因此，先前的粗放式管理模式已经不再适用于施工管理。因此，质量精细化管理理念就被引入施工管理中，成为保证施工质量并降低施工成本的重要手段。精细化管理是科学管理的一种，是在规范化管理的基础上发展起来的，是规范化管理的深入与升华，是社会分工的产物和必要要求，是社会管理发展的必然趋势(陈澍，2019)。

1. 施工质量精细化管理的影响因素

施工质量定义为建造的产品特性满足要求的程度，对施工质量管理体系而言，施工质量既可以指工程产品或服务的质量，也可以指某项活动的工作质量。施工质量不仅是指生产的产品质量，还包括施工过程中工序的质量。施工质量管理过程中的影响因素是"人""物""机""法""环"，如图 4.1 所示。

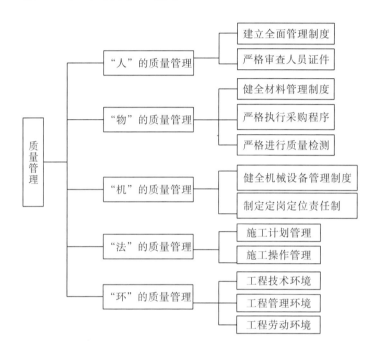

图 4.1　质量管理因素

1)"人"的质量管理

人是工程施工管理的主体，在工程建设中需要进行计划、决策、管理、操作等工作，是工程建设质量高低的决定性因素。人为因素很重要，管理人员的知识水平、专业素质及技术含量等直接决定产品质量。

2)"物"的质量管理

材料是构成工程实体的基础，是保证质量的基石，是消除质量隐患的根源。为保证建设工程的材料质量，应对原材料、半成品、成品及其他零件材料进行经常性检验。

3)"机"的质量管理

机械设备的性能与质量直接决定了施工速度和施工质量。因此，在施工过程中开展精细化管理，必须根据工程自身特点选择最适合的机械设备，并制定详细计划，合理组合、安排施工机械进场；其他材料和机械设备等的质量要求执行相关技术标准、规范；采用新的施工机械进行施工；建立健全机械设备管理制度。

4)“法”的质量管理

对施工方法的质量管理即为对施工计划和施工操作的管理。正确的施工操作是保证施工质量的关键。要做到明确工序质量目标、重点控制关键工序、建立质量控制点、主动控制与动态控制的有机结合。

5)“环”的质量管理

对施工环境的质量管理包括对工程技术环境、工程管理环境、工程劳动环境等影响程度较大的因素的管理。工程技术环境，指地形地质、水文、气象等客观存在的硬件环境；工程管理环境，指质量保证体系、管理措施、管理制度等根据施工单位实力不同而表现出来的不同的软件环境；工程劳动环境，指劳动组合、劳动工具、工作面等具体的工作环境。

2. 施工质量精细化管理措施

1)完善管理制度，创设良好管理环境

施工质量精细化管理，重点在于构建完善的管理制度，通过良好的管理环境，促进施工质量的有效控制。传统施工质量管理方式单一及制度欠缺，导致管理中责任难以落实，滞后的管理制度体系，难以满足工程施工质量管理的需求(施玲，2018)。

(1)建立完善的管理制度体系，实现质量管理制度化。强调管理责任制，将各环节管理的责任落实到位，能够更好地发挥管理效能。由于工程质量管理的特殊性，在管理责任制的构建中，应细化责任、提高制度的可操作性，确保责任到位、管理到位，这是工程施工质量全方位管理的有力保障。

(2)以质量管理为导向，促进管理制度与管理目标的有机融合。从实际出发，通过战略性的质量管理，实现高效的施工质量管理。

(3)依托完善的管理制度体系，优化施工管理环境。工程施工管理环境复杂，往往会对工程施工质量管理形成较大影响，这就进一步要求构建施工质量管理环境。通过精细化管理，转变当前粗放式管理现状，通过“高效+精细化”管理模式，实现工程施工质量的有效管理。

2)优化管理流程，提高施工质量管理效率

冗余的质量管理流程，不仅影响施工质量管理效率，而且不利于工程质量管理的全面开展。传统管理模式难以实现全面性、系统化的工程施工质量管理，构建高效率的管理新模式，要求积极开展精细化管理，优化管理流程、提高管理效率，避免管理职责交叉、管理松散等情况的出现。工程施工质量管理强调管理的全面性，将精细化管理作为优化施工质量管理的重要载体，能够更好地促进高效、高质的施工质量管理。从实际来看，工程施工质量管理应建立完善的施工管理体系，在施工阶段、验收阶段，实现施工精细化管理，确保各环节施工质量的有效管理。

3) 完善质量精细化管理考核体制

通过奖惩激励机制的设置，可以更好地激发质量管理人员的工作积极性。将质量管理工作考核与实际收入挂钩，质量管理人员就会以更加积极的态度投入到工作中，拥有更大的工作动力，尽可能地降低工作中的失误，提升工作效能，为工程项目的质量管理做出更大的贡献。随着质量监督考核机制的不断完善，工程项目的质量监督工作能够得到更好的保障，在此激励下，质量管理人员也能够以更饱满的热情投入到工作中去，积极顺应质量管理考核机制的相关要求，依据质量管理考核机制的相关标准完成工作，通过更高效率的质量管理工作为整个工程项目的顺利完成提供更好的帮助，发挥更大的作用。

4) 施工阶段制定针对性培训方案

在项目前期对项目施工人员进行技术、安全培训，项目实施过程中定期或不定期地对项目施工人员开展施工问题、难点的技术培训，培训方式包括面授讲课、线上授课、视频会议等多种形式，学习项目相关技能、标准、规范等内容，同时在施工过程中加强互联网等新技术的监督作用，在项目验收或成果形成后组织质量检查组进行检查，并组织活动推广交流项目成果，最终提高企业精细化管理水平(李妍皎，2021)。

5) 确立质量精细化管理目标

项目施工质量精细化管理具有独特的目标指向，通过确立质量管理目标，让质量精细化管理能够在目标指引下体现出更强的针对性，让管理人员能够更好地理解其工作的具体目标，以目标作为提升工作效能的推动力。在基本目标的基础之上，质量精细化管理还有其细化的目标，这些细化的目标是依托工程项目的不同阶段而提出的，综合起来，每一个目标如果能够如期完成，并确保每一个细化质量目标达到相关的质量要求，质量精细化管理的整体目标也就自然能够达到。

6) 完善工程质量评价标准

对于具体的工程项目来说，要更好地体现出质量管理监督和考核机制的作用，就需要依靠工程质量评价标准，只有完善工程质量评价标准，质量管理考核和监督才能够有明确的工程质量评价依据，才能够真正为工程质量监督和考核的实施提供保障，切实发挥出工程质量监督和考核应有的作用(邱曙光，2017)。

4.1.2 施工安全精细化管理

施工安全的精细化管理，可以改变传统的管理模式，使管理文化更加先进和科学。在对工程施工安全进行精细化管理的过程中，可以使施工人员的操作习惯和操作标准更加明确，使各工作人员能够明确自己的责任，根据相关的标准主动承担责任和履行义务，使工作变为一种自觉的行为。另外，这种管理模式还可以增加施工人员的执行力和服务意识，使施工人员更有敬业精神，促进企业文化进一步发展，使管理模式从制度管理向文化和制度双重管理转变。

根据调查统计，当前项目施工常见的安全事故主要集中在三个方面。

(1)机械伤害。机械设备在项目施工现场非常常见，若施工人员在作业时对机械设备不够了解，或者操作不当，会对人体构成夹击、碰撞或者卷入等伤害，严重情况下还会伤及人员性命。

(2)触电事故。如违章乱接线路、设备未安装漏电保护器等情况下，极易引发触电风险。

(3)打击伤害。项目施工所用的材料、机械设备等体积较大，或者尖锐，如果失控或者在重力影响下出现飞溅运动，会对人体产生伤害。

1. 安全事故影响因素

建个元高速公路项目中桥梁和隧道占比较大，施工现场风险因素较多，人员因素、物体因素及施工环境因素影响最为明显，如果不能及时对其进行防控，将会增加事故发生可能性。因此，了解和掌握安全事故影响因素非常重要，是施工安全精细化管理的具体要求。

(1)人为因素。若施工人员的技术水平不高，对施工人员各项技术作业交底不明确或不清晰，在具体工作中操作不当，造成错误施工，会引发施工安全事故。隧道及桥梁工程对人员数量需求大，人员流动性较大，若人员整体素质不高、专业性不强，缺乏自我保护意识，在现场施工中违背了安全施工要求，也极易引发安全事故(刘彬彬和陶冶，2020)。

(2)物体因素。大多数施工现场的机械设备等造成的安全事故仍然多见。如钻孔、钢筋加工设备等由于保养不当、操作不规范等，会给施工人员造成伤害。若安全防护设备设置不够牢固，可能造成人员伤亡，不利于施工活动顺利进行，且与安全施工理念背道而驰。

(3)施工环境因素。建个元高速公路项目所处的环境具有多变性、动态性等特点，会受到施工现场的环境、天气、交通及地质等因素干扰，存在较大的不确定性。环境因素表现在两个方面：一是现场作业环境，如水文地质复杂、发生复杂地质灾害等情况；二是天气状况，如强降雨、大风天气等。

2. 施工安全精细化管理措施

1)建立精细化的安全施工制度

完善的制度是项目安全管理的重要保障，调查显示，多数的事故与操作人员的违规操作有关，精细化的安全制度建设对安全施工有着十分重要的作用。在安全管理制度建设中，首先要结合工程施工的现状对未来的发展规划予以调整和修订，将安全施工责任落实到每一个施工人员，同时将其贯彻到施工中的每一个环节。其次，操作人员应严格按照制度要求操作，注意操作的规范性，避免引发严重的安全事故。再次，各部门应履行好职责，建立完善的奖惩机制和责任体系，保证规章制度的落实，确保任务层层分解，责任层层落实，压力层层传递，避免管理要求层层衰减。

2）加强施工质量管理

质量管理是精细化管理中的重点和关键，与工程的最终效益、安全进度等都密切相关。

（1）根据工程具体质量标准和施工要求构建相应的质量管理体系，全面细致地监督管控整个项目施工中的各个环节。

（2）制定和落实责任制度，明确各个施工环节及施工岗位的责任要求，以此来增强相关人员的安全责任意识和质量意识。

（3）完善施工准备，明确施工管理组织规划。管理人员在工程开始前需要详细地对设计图纸开展审查，并分析研究施工中的各种工艺技术和所用的机械设备，然后进一步明确管理中的质量管控要点、安全管控要点等，制定相应的管理组织规划，以此来确保后续管理工作的有序开展（刘洪斌，2020）。

（4）对于施工中的工艺技术变更，必须经过设计人员、技术人员以及监理工程师的综合评估，在评估审核通过后，才允许执行。

3）积极开展安全精细化管理的宣传教育工作

通过制定宣传教育计划，加强施工人员的安全意识和安全观念，不断提高施工人员的专业能力，提高安全管理的水平。结合近期计划、远期计划以及岗位要求，制定安全宣传教育的内容，以安全管理中的问题为重点，防止施工中出现类似的问题。另外，可将培训计划细化为年计划、月计划和周计划等，以此增强宣传教育的有效性。在这一过程中还要采取灵活多样的宣传模式，如网络、视频、技术示范等，从而保证宣传的效果，提高技术人员的安全意识。

4）积极落实精细化的安全管理

项目施工过程中，需要积极落实精细化的安全管理，对施工机械设备的运行情况应及时进行检查，若发现机械设备存在缺陷或问题，应该及时采取有效的措施对其进行处理。另外，在日常的安全管理过程中，还需要提高工作人员的应急处理能力，要求相应工作人员掌握不同机械设备的操作规范和技巧，制定严格的考核制度，以增强项目施工的安全性与可靠性。在施工管理中，为了调动工作人员的工作积极性，也可结合实际采取科学有效的激励措施，保证安全施工。也就是说，一方面要提高工作人员的安全管理能力，另一方面还要明确分工，这样才能确保精细化安全管理的落实（周丽君，2019）。

5）做好违规行为的精细化管理

项目施工人员的违规行为较为常见，所以在安全管理中应将违规行为的管理作为重要内容，采取更具针对性且更加有效的防范措施。结合班组和岗位的基本特征，对违规行为采取更为科学有效的防范措施，从而最大限度地防止安全事故的发生。安全管理人员要组织施工人员仔细学习和深入理解安全施工的规章制度，对施工人员的工作习惯、工作态度和专业能力予以全面的分析和研究，改变其不良的工作习惯，同时还要加大工作监督力度。针对违规行为，应采取有效的惩罚措施，增强工作人员操作的规范性。再者，仔细分析违规现象产生的原因,在日后的工作中避免出现类似的行为,加强员工的规范意识(王忠秀,2019)。

4.1.3   施工进度精细化管理

项目施工进度管理与成本管理、安全管理、质量管理都存在着密切的联系,做好项目进度管理的工作才能控制工程项目管理成本,保证安全管理、质量管理的规范性及可靠性。为了提高项目施工进度管理效率,将精细化管理应用到施工进度管理中,结合项目特点,采用先进的管理技术和软件科学合理配置各种资源,制定保证措施,并在执行过程中进行跟踪检查,及时发现问题并找出实际进度与计划的差距,分析进度滞后原因,积极采取补救措施,纠偏进度计划,从计划、控制、分析及调整等方面进行循环管理。

1. 施工进度精细化的主要影响因素

1)资金因素

从当前项目施工案例来看,项目施工中常出现拖欠工程款的现象,由于没有按时支付款项,影响施工企业采购材料及施工质量,进而直接影响工程施工进度。资金是项目施工的基础,会影响项目进度,一旦资金链断开,就会导致项目停工,导致工程延期。项目公司必须要意识到自己的职责,按规定的时间及时支付工程进度款项,这样才能使工程进度得到有效的保障。

2)环境因素

项目施工的环境因素对工程施工进度也有着非常直接的影响。工程施工现场的自然环境,如气候、水文地质条件及地形地貌等因素会对工程项目的施工进度产生一定的影响。此外,施工现场还有很多环境因素会影响项目进度,如降水、地震等因素,导致施工进度缓慢,最终导致施工进度失控。

3)材料因素

项目施工需要用到各种各样的施工材料,而且这些材料的需求量巨大,施工单位为了控制施工成本,通常不会提前采购足够的施工材料,这就容易出现因某项材料缺失而延误工期的问题。

4)技术因素

项目施工过程中,有时需要用到某些新材料、新技术或新工艺,但一些新技术可能未及时制定科学可行的操作流程,容易导致技术问题,进而影响工程的施工进度。另外,施工队伍的施工综合素质和施工技术水平参差不齐,这些都可能影响项目进度(邢俊敏,2020)。

5）人为因素

项目管理人员及施工人员众多，包括项目公司管理人员、分包单位的管理人员及现场施工人员，不同人员的专业能力及综合素质会影响工程决策，增加进度控制的压力。项目公司、设计方、施工方及监理方等各个相关单位，每一个参建单位及其工作人员都会直接影响工程施工进度。从以往的工程实践中不难看出，人为失误情况时有发生。

2. 施工进度精细化管理措施

1）加大动态化管控力度

施工进度管理在项目建设过程中占据着十分重要的地位，因此必须对其进行严格把控。在实际开展进度管理工作的时候，应找准进度把控的关键节点，适当加大对整个施工过程的动态化管控力度。为了确保施工进度动态化管理的效率和质量，应积极引入现代信息技术，构建一个完善的信息化管控体系，以便及时获取有关施工进度的信息，落实好对进度信息的分析与整理工作，第一时间找出施工进度方面存在的问题，结合这些问题制定针对性的改进举措，从而最大化降低进度延误现象的发生概率。

2）采用先进的进度管理系统

传统施工进度管理软件的计划编制、排布功能相当完善，但是计划的编制者受个人经验、征拆条件的影响，其编制出的进度计划很难与施工现场实际情况相符合。因此，应该采用先进的进度管理系统，做到精细化管理，降低维护难度，实现集成化管理；实现总体、年度、季度、月度、周等不同时间维度的计划编制与上传，满足施工进度管理需求。

3）积极运用 BIM 技术

将进度控制人员应积极运用 BIM 技术构建进度控制模型，使建筑空间模型与进度时间实现有效集成，最终形成 5D 建筑模型。借助该模型，可实现对施工过程的可视化模拟，使施工过程更加直观地呈现在管理者眼前，在准确判断施工流程当中包含的有关数据的基础之上，模拟具体施工流程，进而找出施工期间存在的一些冲突环节。以此为指导，提升施工的合理性以及科学性，促使管控水平全面提高，在保证施工安全以及施工质量的基础之上，对施工进度加以有效管控，为有效控制项目成本奠定良好基础（王梦林，2021）。

4）提高资金整体调配水平

提高资金整体调配水平可以为施工进度提供基础保障。提高资金整体调配水平并非简单地投入更多资金，而是通过科学计算，对现有的项目资金加以合理调配，并且在不同施工环节配置适当的资金量。这样不仅可以对施工进度加以有效管控，同时还能节约很多项目成本。同时，项目公司运用 BIM 软件，可增强财务与施工部门间的沟通交流，保证资金运作和施工进度之间的匹配度比较高，进而促使施工进度整体管控水平有效提高。

4.1.4　施工成本精细化管理

　　施工成本精细化管理是项目公司通过树立定量化、细微化、精确化的管理理念，对项目公司的资源进行合理配置，不断降低项目公司的生产经营成本的一种成本管理活动。与传统的成本管理方法相比，成本精细化管理强调对施工全过程的成本进行管理和控制，要求项目公司在项目施工前对成本进行预测，在实施过程中对预测的成本进行检查和控制，竣工后进行成本考核。精细化的成本管理极大加强了成本管理工作与项目公司经营活动的关系(傅兴，2019)。成本精细化管理不仅起到降低成本的作用，同时还有追求成本效益的功能，在实际应用过程中，应该不断延伸成本管理工作范围，对实施项目的成本结构进行优化处理，提高项目公司的经济效益。

1. 成本精细化管理特点

1)施工成本精细化管理偏重对全员的管理

　　成本精细化管理应首先明确项目公司每一位员工的责任成本指标，其次制定全面详细的考核措施，将指标完成情况与每一位员工的工资奖金以及最后的奖惩严密挂钩，以促使员工提高创新能力，发挥才智，提高工作的效率。

2)成本精细化管理偏重成本要素全过程的持续管理

　　成本精细化管理要求对施工项目重点成本要素进行事前预测、事中控制、事后分析的全过程持续性管理，要求对各项重点成本要素偏离预期的情况及时进行纠偏，以确保最后将实际成本控制在预算目标之内。

3)成本精细化管理偏重科学有效的目标成本测算

　　在传统的成本管理中，还存在很多根据经验以及主观判断获得各项相关数据的情况，而在成本精细化管理中，各项相关数据则会根据相应的施工方案和市场行情，并全面考虑各种可能发生的情况进行详细的测算，更加科学有效且可操作性强。

4)成本精细化管理偏重成本责任的精准划分

　　在传统的成本管理中，经常出现目标成本分解不合理导致成本责任模糊不清的情况。而在成本精细化管理中，对目标成本的分解十分彻底，细化到每一个具体指标，并将责任明确划分到每一个部门、每一位员工，且责任与工作内容和工作能力相匹配，使员工工作更有积极性。

2. 成本精细化管理影响因素

　　项目公司的成本管理影响因素主要归纳为项目组织环境管理因素、项目现场管理因素、项目外部管理因素。

1）项目组织环境管理因素

工程项目作为一个系统，需要一个完整的项目组织环境才能够确保其按部就班、有条不紊地开展施工工作。项目公司、分包商及施工单位是一个有效的整体组织。项目工程在进行成本管理时，"人"是组织的核心和支撑，因此在识别施工成本管理影响因素时考虑到了管理人员的配备数量、各专业人员管理水平、管理人员工作满意度等。

2）项目现场管理因素

现场管理因素直接控制着项目的成本管理、进度管理及质量管理，同样也是对成本组成费用的直接管理。因此，项目现场管理对施工成本管理的影响最直接、最有效。施工现场有关成本管理的直接工作主要内容包括签证变更管理、索赔管理、工程结算管理，这些工作是施工成本控制的关键内容，也是预算管理人员为做好成本管理必须重视的方面。新材料的使用及管理、设备的使用与管理、施工场地布置水平均对工程施工直接费用有影响，BIM 技术、新材料、新设备、新工艺的应用则对施工成本管理起到优化作用，对项目公司也有不可忽视的影响（宋乾，2020）。

3）项目外部环境管理

工程项目作为一个复杂的系统，不可避免地会与项目外部进行信息交换，并可能受到诸多外部力量的制约。分包单位是工程施工的直接主体，材料和设备供应商为项目施工提供相关材料和设备，而材料和设备的使用费用是工程施工成本的重要构成部分，因此与分包单位和材料、设备供应商之间的有效沟通可以对施工成本进行直接的控制。因此，与分包单位的沟通效率、材料和设备供应商的选择及沟通是施工成本管理的影响因素。

3. 施工成本精细化管理措施

1）构建高效的成本精细化管理组织机构

对于项目公司而言，要想提高成本精细化管理水平，必须要加强组织保障，构建完善、有序、科学的成本精细化管理组织体系，要对企业各部门的组织机构模式进行确定，对各部门的成本管理职责分工、工作流程做出详细规定。一个高效的成本精细化管理组织机构应该包含三个层次，即项目管理决策层、中级管理层以及现场作业层，不同层次有不同的权责划分，要正确处理不同层次管理组织机构的关系和权利，合理进行利益分配，以充分发挥项目公司成本精细化管理的优势。

2）完善施工成本精细化管理机制

项目成本管理的精细化，应首先从顶层设计的角度实现对这一管理模式的强力推进。在实践的过程中，可以依据现有的管理框架，在每一个环节契入精细化管理的理念和手段，进而丰富精细化管理内容。其次，从流程改造的视角对契入精细化管理的原有管理环节进行有效地"瘦身"，为精细化管理提速、提效。管理机制的完善将成为确保精细化管理实施的重要基石。同时，在机制完善的过程当中，要使管理层能够意识到精细化管理与项目成本管理的融合能够为企业发展带来的效益和动能。

3）丰富成本精细化管理的方法和手段

随着成本管理理念的发展和科学技术的进步，项目公司在开展成本管理的过程中，要加强全员管理职责，将成本管理目标分配到各部门，将精细化管理目标分解为多个小目标，然后落实到各部门和各岗位。除此之外，还应该要加强信息化管理的应用程度。在开展成本精细化管理的过程中，要结合项目预算以及结算成本核算方法，充分利用 BIM 技术，分析各阶段各工序的成本状况，将其作为各阶段成本控制的依据，分阶段落实成本管理目标。通过全面的预算管理手段提高成本精细化管理水平，进而实现对每一个施工项目进行成本精细化管理。

4）创新工程施工成本精细化管理模式

将精细化管理模式引入工程项目的成本管理当中，这势必需要进行一定的创造和革新，使其能够充分地发挥效能。因此，应通过多元化的路径实现项目工程成本管理精细化模式的创新，确保理念引入对工作的实质性推动。在项目成本管理中，可以依托精细化的管理模式，提升项目工程成本管理的质量和效益(秦明兴，2021)。

4.1.5　环境保护精细化管理

通过实施环境保护精细化管理，可以使项目建设全过程始终处于受控状态，做到规范化、标准化、文明化施工，确保项目各项环境保护管理规定得到严格执行，环境保护监理指令得到有效落实，各项环保检查指标均符合要求。通过建立健全项目施工的各项环境保护规章制度，明确各部门的职责和岗位责任，责任到人，工作到位，从而保证各项环保管理要求能够落实到位，实现项目环保管理的精细化。

1）维护自然生态平衡的措施

(1) 保护当地自然植被，采取措施使地表植被的损失降到最低。

(2) 施工现场、生活房屋及生活设施、原材料堆放处和材料加工场均在规划的区域内。弃土场必须做好防护工作，确保不发生水土流失情况，并进行弃土场绿化。

施工便道选线、生活营地和大型临时设施场地选址尽量少占或绕避林地、耕地，保护原有植被。对合同规定的施工界限外的植物、树木等尽力维护，严禁超范围砍伐。工程完工后及时进行现场清理、复垦或绿化。

(3) 修建施工便道要结合地方长远规划选择线路。严禁随意砍伐和偷猎，限制施工人员和车辆的活动范围。

2）合理规划施工用地

严格按设计和业主规定的征地范围和数量丈量用地，严禁超范围占用土地和水面。施工临时设施在满足工程需要的前提下不占或少占农田，各种临时房屋采取因地制宜、简易方便的原则就近设置，充分利用荒山、荒坡、线路附近的既有道路和房屋场地。

3）临时设施环境保护

（1）优化临时施工场地布置，加强临时防护。施工结束后及时进行迹地清理、土地平整，并复耕或恢复植被。要做好施工便道路基边坡挡护、护坡、排水防护工作，加强施工过程中的临时防护措施。

（2）便道、砼拌和站及施工营地的设置要合理、紧凑，严禁随意搭建，尽量减少对植被的损坏，不占用城市道路、不妨碍交通。搅拌站等高噪声生产设施尽可能远离居民区或采取限时作业措施。施工场地周围预先开挖排水沟，做到排水畅通，场内不得积水、积污，应充分考虑施工场地对原地面排水的影响，以免阻挡地表径流的排泄，影响当地居民的生产生活。

（3）施工营地及施工现场设固定的垃圾桶或垃圾池盛放垃圾，分类标识存放，定期清理，运至指定的垃圾处理场或废品回收利用，不得乱扔、乱倒垃圾。施工场地的遗弃物、废油等集中进行预处理后，采用专用车辆运输至指定的处理厂或存放点。污水须排入当地的排污管道或经集中净化处理后排出，严禁将未达到排放标准的生活污水直接排放至江河及其他水体中。

4）生活区环保措施

（1）生活区临时工程的修建本着节约用地、方便生活、利于生产、保护植被的原则，统筹安排，合理选址，经业主、当地环保部门审批，主动接受监督检查。

（2）生活区的设置要相对集中，设置必要的公共卫生设施，按照环保部门的要求定期清理，避免生活垃圾污染环境。生活固体垃圾集中堆放、适时运至环保部门指定地点，保持驻地清洁。

（3）临时生活设施的修建、拆除时产生的固体废弃物，按照环保部门的要求弃于指定地点。

5）植被保护

施工期间加强对施工人员保护自然资源及野生动植物的教育，严禁随意砍伐，限制施工人员和车辆的活动范围。

施工便道选线、生活营地、大型临时设施场地选址尽量少占或绕避林地、耕地，保护原有植被。对合同规定的施工界限外的植物、树木等尽力维护，严禁超范围砍伐。工程完工后及时进行现场清理，复垦或绿化。

6）施工过程中的环保措施

（1）注意夜间施工的噪声影响，尽量采用低噪声施工设备。对距离居民区 160m 以内的工程，则应根据需要限定施工时间。少数高噪声设备尽可能不在夜间施工作业，必须在夜间从事有噪声污染的施工作业时应先通知附近居民，征得附近居民的同意，如有可能采取限时作业措施。

（2）做好当地水系、植被的保护工作，在施工时对路基边坡及时进行防护与植被绿化，施工车辆不得越界行驶，以免破坏植被、庄稼、城市道路等。

（3）场地应即时进行清扫，以防粉尘被风吹扬。凡对环境有污染的废物，如挖方弃土、建筑垃圾、生产垃圾、废弃材料等，弃在指定地点。在桥涵施工时各种材料、机械不得随意堆放、破坏植被。

7）竣工后环境恢复措施

工程完工后，应将临时设施全部拆除，可以利用的设施可通过当地政府或环保部门协议转让；对施工场地要认真清理并收集施工垃圾运至指定的位置处理或就地掩埋；临时租用的土地立即复耕归还；严格按照生态环保的要求，对临时设施、施工工点、取弃土场及其他施工区域范围做好生态环境的恢复工作。

8）防止大气、噪声、水污染的措施

（1）防止大气污染措施。临时运输道路经常洒水湿润，减少道路扬尘。对产生尘埃的运输车辆和石灰等挥发性材料堆场加以覆盖，减少对空气的污染，生产及生活垃圾定期处理，严禁焚烧有毒废料。

（2）防止噪声的措施。施工噪声主要包括施工现场、机械作业时和车辆运输时产生的噪声。为减少噪声影响，机械设备选型配套时优先考虑低噪声设备，尽可能采取液压设备和摩擦设备代替振动式设备，并采取消声、隔音、安装防震底座等措施；加强机械设备的维修保养，保证机械设备的完好率，确保施工噪声达到环境保护要求。

（3）防止水污染的措施。施工及生活废水的排放遵循清污分流、雨污分流的原则，各种施工废油、废液集中储积，集中处理，严禁乱流乱淌，防止污染水源、破坏环境；同时施工作业产生的污水必须经过沉淀池沉淀，并经净化处理，符合要求后排放。

9）施工期废弃物处理措施

施工产生的废弃机具、配件、包装物及各类固态浸油废物等，应集中收集、装运，运至垃圾场进行处理或回收利用。

生活区的设置要相对集中，设置必要的公共卫生设施，化粪池按照环保部门的要求定期清理，避免生活垃圾污染环境。生活固体垃圾集中堆放、适时运至环保部门指定地点，保持驻地清洁。

4.2　项目施工标准化管理

标准化是指在一定的范围内获得最佳秩序，对实际的或潜在的问题制定共同的和重复使用的条款的活动（陈兴福，2013）。它包括标准化工作总体策划、进行相关现状分析，确定标准编写的人员、结构和格式，形成文本文件，发放到相关组织，监督实施、发现问题等阶段。

项目施工标准化管理就是在工程项目的建设过程中，按照原有的施工经验进行归纳和管控，以项目施工管理相关标准为基础的管理体系，实现项目施工管理工作的标准化活动。通过建立标准体系，运用标准化管理的原理和方法，对项目施工中的质量、安全、进度、成本、环保等工作进行规范，从而全面建立标准化的运行秩序，有效保证工作质量。

4.2.1　施工质量标准化管理

项目施工质量标准化管理是依据相关法律法规和工程建设标准，从工程开工到竣工验收备案的全过程，对项目参建各方主体的质量行为和工程实体质量控制实行的规范化管理活动。其核心内容是质量行为标准化和工程实体质量控制标准化(李晓慧，2020)。

质量行为标准化是指依据《中华人民共和国建筑法》《建设工程质量管理条例》《建设工程施工项目管理规范》等法律法规和标准规范，按照"体系健全、制度完备、责任明确"的要求，对项目管理机构应承担的质量责任和义务等做出相应规定，主要包括人员管理、技术管理、材料管理、分包管理、施工管理、资料管理和验收管理等。

工程实体质量控制标准化是指按照"施工质量样板化、技术交底可视化、操作过程规范化"的要求，从材料、构配件和设备进场质量控制、施工工序控制到质量验收控制的全过程，对影响结构安全和主要使用功能的分部分项工程和关键工序以及管理要求等做出相应规定。

1. 施工质量标准化管理影响因素分析

1)质量管理体制不健全

工程项目涉及项目公司、分包单位、勘察设计单位、施工单位及监理单位等多个建设主体，在项目的设计及施工阶段，质量管理贯穿于工程项目始末。在工程项目施工质量管理中，一些管理人员对质量的管理只是流于表面，进而影响质量管理的水平和效率；同时施工或监理单位对项目施工现场的质量管理体制建设不重视，使得工程的质量管理体制不健全，进而对项目施工质量带来极大的影响。

2)施工技术不规范

施工单位是项目施工的主要实施单位，在项目施工质量管理中，施工技术直接影响质量管理水平。尤其是隧道及桥梁特殊项目施工时，有的施工单位没有提前对施工人员进行施工技术培训，使得施工人员的施工技术不规范，影响施工质量。此外，一些施工单位所采取的施工技术不够完善，没有严格地按照技术方案进行施工，进而导致施工工序和施工技术出现问题。因此，在项目施工质量管理中，施工技术也是影响施工质量管理的重要原因。

3)施工人员综合素质欠佳

人是工程项目中最重要的主体，无论是在项目公司、总承包单位、勘察设计单位、施工单位、监理单位，还是在工程施工现场，人都是影响项目施工质量的关键因素。在工程施工质量管理中，施工人员的综合素质欠佳是影响施工质量的重要因素。若相关人员的综合技能不高，且没有进行专业技能的培训，同时对施工质量控制的意识较为淡薄，则会影响施工现场的质量管理。

2. 施工质量标准化管理措施

1) 建立参建单位质量责任制，促进施工质量管理标准化

健全项目施工质量责任体系，明确界定项目公司、勘察设计、施工、监理等单位在工程施工准备阶段、工程实施阶段、工程交竣工阶段的质量管理职责，将质量管理行为与质量管理职责紧密挂钩，推动参建单位内部各岗位质量管理行为规范化，质量责任细化分解、落实到人。

项目公司是承担项目建设管理职责的项目法人，具体负责指挥、协调、管理各参建单位完成工程建设任务，应具有相应的管理能力和建设经验。勘察设计单位对工程勘察设计质量负主体责任，要以工程质量安全耐久为核心，实施全生命周期成本设计，优先设计有利于施工质量标准化管理的方案，统筹考虑施工的可操作性和维护的便捷性。施工单位对施工质量负主体责任，监理单位必须落实施工监理责任，加强对项目监理机构的管理考核和业务指导(欧电，2017)。

2) 规范施工技术

在项目施工的质量管理中，规范施工技术，进而不断使质量管理标准化。在工程的施工质量管理中，施工技术不规范、施工人员的施工方法不合格均会影响施工的质量管理。因此，在质量管理中，要规范施工技术。随着工程管理理念的提升，建筑行业的施工技术也在不断提升，在质量管理中，要对施工技术进行监管，在进行施工前，要组织管理人员提前对施工现场中可能会遇到的技术问题进行讨论，并提出相关的解决方案。针对施工中可能出现的施工问题做好预备方案，以备不时之需，进而保障施工进度，提高施工现场质量管理的水平。

3) 提高施工人员的综合素质

在项目施工的质量管理中，提高施工人员的综合素质是重要措施。在项目施工现场，施工人员的综合素质是影响施工现场质量管理的重要因素，因此要加强对施工人员的培训。在进行施工前，要加强对施工人员进行技能培训，提高施工人员的专业水平、责任感和职业道德等综合素质，进而促进施工现场的质量管理标准化建设(蔡煜文，2018)。

4) 全面完善质量实体控制的标准化内容

施工管理人员及作业人员应有参考执行的操作规程、作业指导书和技术交底文件，工程材料进场实施质量标准化控制，各施工工序按施工技术标准进行质量控制，每道施工工序完成后，其自检、各专业工种之间的相关工序交接检验均应当有完整的质量控制与工序

施工记录，保证操作过程规范化；施工质量过程控制对照工程样板进行验收与控制，确保实现施工质量样板化。

4.2.2　施工安全标准化管理

1. 项目施工安全管理

项目施工安全管理是指确定项目安全生产方针及实施安全生产方针的全部职能及工作内容，并对其工作效果进行评价和改进的一系列工作。它包含了项目施工过程中组织安全生产的全部安全管理活动，即通过对生产要素进行过程控制，使生产要素的不安全行为和不安全状态得到控制，达到控制事故、实现安全管理的目标(任宏和兰定筠，2005)。

项目施工安全管理贯穿于项目全过程，根据项目自身的特点可知，项目施工安全管理的特点具有相对的特殊性，主要表现在以下四个方面。

(1)流动性。在宏观层面，安全管理机构针对项目安全管理的对象是项目公司和工程项目，这必然要求宏观管理机构的注意力不断地随项目的转移而转移，不断跟踪工程项目的生产过程。在微观层面，项目施工的安全管理要不断适应不同施工项目的需要，不断解决新的问题。

(2)复杂性。我国幅员辽阔，地区差异较大，地区间发展不平衡；项目施工企业众多，其规模、资金、技术水平参差不齐，使得项目施工安全管理也变得十分复杂。另外，工程的参与方较多，管理的层次和关系复杂。

(3)法规性。工程项目施工安全管理面对的是整个项目市场，需要保持一定的稳定性，必须通过一套完善的法律体系来进行规范。

(4)渐进性。工程项目是不断发展和变化的，针对出现的新问题、新情况需要不断改进安全管理的措施及方法。但这一过程是较为缓慢的，不可能一步到位，这就要求我们在对待安全管理的问题上不能急于求成，而是要踏实做好每一个工作，逐渐改善安全管理方案以适应新的变化。

2. 施工安全标准化管理基本概念

安全标准化管理主要是通过学习和吸收国外职业健康、安全与环境管理体系和国内的职业健康安全管理体系等，采用系统化的思想将项目施工安全管理中的各种规章和规范系统化，建立一个全员共同参与、责权分明的新管理模式。从项目施工安全管理的现状和未来的发展趋势来看，要实现对项目施工现场切实有效的安全管理和安全控制，就必须建立科学有效的安全管理标准化体系，以适应项目施工现场安全管理的新需求。

项目施工安全标准化管理是将标准化的基本思想和内容创新性地引入到项目施工安全管理的日常工作中，将安全管理的基本要求运用标准化的具体形式加以实现，实行全过程、全方位、全员、全天候的安全管理，提高企业的本质安全化，使"人""机""环"始终保持良好的安全状态，在确保安全的前提下使企业快速发展。项目施工安全管理标准化以《企业安全生产标准化基本规范》(GB/T 33000—2016)为基础，采用戴明的质量管理理论和目标管理理论，遵循"安全第一，预防为主、综合治理"的安全管理方针，以控制人的不安全行为和物的不安全状态为基础，有效减少事故的发生，保障人身安全，从而达到提高项目施工现场的安全生产水平、确保生产活动顺利进行的目的(苏亚锋，2014)。

3. 施工安全标准化管理影响因素分析

1)安全管理标准化的体系建设不完善

项目施工现场安全管理标准化体系的建设和完善是针对项目施工阶段的安全管理，项目安全管理标准化体系应该是一个系统的、全面的、全过程的体系。但是我国的施工安全管理标准化体系建设还是不够完善，没有将标准化与工程安全管理有机地结合在一起，形成一个系统性的项目安全标准化条例。对于项目施工过程中所涉及的安全管理、安全技术方案等问题，还没有进行有效的约束，项目施工安全管理标准化的建设还不够全面，仍然存在着很多缺陷(王瑞龙，2015)。

2)施工安全管理组织机构不健全

项目施工现场的各管理组织机构之间缺少交流与沟通，安全管理工作只是作为某一个部门或某几个人的工作，缺少系统化、体系化的管理。因此，需要建立一个权责分明、科学合理的安全组织机构，它对安全管理工作起着至关重要的作用，是决定安全管理标准化能否顺利运行的关键所在。

3)人员的安全意识和安全素质不高

项目施工现场安全管理标准化的根本是对项目施工过程的管理、对现场作业人员的管理。项目施工现场的作业人员大部分是农民工，文化水平不高，安全意识淡薄，自我保护意识较差，加上过于依赖多年的工作经验，往往忽视了对现场作业规范的遵守。因此，对于他们的安全教育是安全管理标准化工作中的重点。

4. 施工安全标准化管理措施

1)建立安全管理制度体系

安全生产责任制即在施工过程中各个环节的管理人员应按照规定，承担该部门的安全管理责任；所有参与施工项目的，上到管理部门，下到作业操作人员，都应对安全施工过程负责。使安全管理纵向延伸到项目各级人员、横向延伸到各个管理部门，明确各自责任、上下协调，共同努力把安全工作做好。另外，施工项目的各个部门要制定并签订安全施工责任书，然后根据签订的责任书把责任分配到每个人身上，再由各项目单元签订安全施工责任书，做到年年签订、年年考核。

2)相关部门的标准化管理

项目负责人应该重视安全标准化管理，对相应技术负责人进行审查，确保安全生产。此外，项目负责人应该根据当前项目的实际情况和相应制度对安全标准化管理内容进行完善，落实管理人员的职责，协调各部门之间关系，让各部门能够顺利完成相应工作内容，提高施工项目的安全标准化管理质量，实现相应的标准化管理目标。

3）加强安全管理理论教育，具体划分安全管理责任

项目公司安全管理理论教育和安全管理责任划分对公司安全标准化建设和提高具有十分重要的意义，是确保安全标准化建设和高质量作业的前提与根据。公司安全生产的标准化建设和推进不应只进行统筹领导和管理，所有员工都应该参加。对工程项目建设来讲，有必要确定安全管理责任，把现场安全标准化建设划成网格责任，保证安全标准化建设和推广。

4）强化培训教育，转变管理思维

公司员工对安全生产标准化建设与提升的了解程度通常决定了其能够实现的高度，大部分从业人员乃至管理者对安全标准化建设与提升都有误解，认为标准化的施工通常会增加施工成本，对项目施工进度产生影响，实际上，进行标准化建设的核心意图，就是通过标准化建设，提高施工现场安全管理水平，有效排除各种安全隐患，建立本质安全，规避各种不安全的行为与状况，防止安全事故发生，以此来保证施工项目能够安全运行（王喜鹏，2021）。

4.2.3　施工进度标准化管理

项目施工进度标准化管理与成本管理、安全管理及质量管理都存在着密切的联系，做好施工进度标准化管理的工作才能保障工程项目施工管理的成本安全及质量管理的规范性及可靠性。

施工进度标准化管理是指按照施工设计进度要求，结合工程项目实际情况，细化路基、路面、桥涵、绿化及防护、交通安全等各项工程的施工进度要求，优化施工工艺，严格控制施工进度，提高施工效率和工程质量。规范施工进度控制，加强对隐蔽工程、关键工序的进度控制，确保工程进度达到规定要求。

1. 项目施工进度标准化管理的重要性

施工进度标准化管理贯穿于整个项目施工过程，主要体现在以下三个方面。

（1）保证工程质量。施工进度标准化管理对工程质量产生一定影响，在施工过程中，项目公司需要按照工期规定在一定时间内完成项目建设工作，如果施工进度不合理，就有可能造成施工周期延长，甚至导致施工单位为了追工期赶进度，忽略工程质量控制，最终导致质量问题。因此，需要制定标准化的工程施工计划，科学标准的施工进度管理能够提高项目建设质量管理水平。

（2）施工进度标准化管理有利于项目建设经济效益的最大化。从当前来看，工程项目规模不断扩大，具有周期长、工程量大、影响因素多等特点，施工现场情况较为复杂，做好各个阶段的标准化进度管理有助于工序之间的紧密衔接，降低施工现场出现质量安全等

事故的可能性,按照合同约定时间完成项目建设,避免由此造成的违约金赔付或者工程成本费用增加,从而获取良好的经济效益。

(3)施工单位按照约定时间及标准化的工程进度完成项目建设有利于提升企业市场竞争力,保证工程质量与使用寿命,从而获得稳定的收益与良好的品牌文化效应。

2. 项目施工进度标准化管理措施

1)施工组织保障措施

(1)为保证按期完成项目施工进度计划,应选派具有类似工程管理经验的项目经理担任项目公司经理,再配置施工经验丰富的项目副经理、项目总工程师等专业技术管理人员,组成施工总承包项目经理部。

(2)在绝对保证工程质量和安全的前提下,充分利用施工空间和时间,合理安排工序,科学组织各工序的立体交叉作业。

(3)对各专业施工队伍实施严格的管理控制。各专业队伍进场后,必须根据项目经理部总进度计划编制各专业施工进度计划,各分包单位必须参加施工总承包项目经理部定期或不定期召开的生产例会,把每天存在的问题以及需要协调的内容解决落实。

(4)严格控制工序施工质量,确保一次验收合格,杜绝返工,以一次成优的施工过程达到缩短工期的效果。

2)强化双周滚动等施工进度计划管理

(1)定期的生产计划例会制度;下达计划,检查计划完成情况;解决实际问题;协调各施工队之间的工作,统一有序地按总进度计划执行。

(2)以控制关键日期为目标,以滚动计划为链条,建立动态的计划管理模式。在总控制进度计划的指导下编制阶段、月、周、日等各级进度计划,确保总控制进度计划顺利实施。

(3)月进度计划、周进度计划的控制。

①多种形式的施工计划。采取行之有效的分步作业计划是确保总计划顺利实施的关键,根据项目施工、材料设备供应等情况,将工程总进度计划分解为月、周、日分步作业计划,实行月计划、周实施、日落实的计划管理体系。

②双周滚动计划。工程施工过程中存在着许多动态的因素,应不断地进行调整解决。采用检查上周、实施本周、计划下周的双周滚动计划管理办法,该办法将计划的实施、检查、调度集于一体,使管理工作具体化、细量化。以预定工程进度布置为目标,以项目内部协调会检查实施情况为依据,通过严密的分析讨论,制定下周的工作计划。同时进行严格的组织管理,以确保总计划顺利实现。

③日检查工作制。专业责任工程师是施工技术、进度、质量的主要责任人,责任工程师每日进行现场检查,并将检查的结果以书面的形式报给项目调度室,调度室收集、汇总、分析后报给分管项目副经理,使其及时了解施工动态,监督和督促各专业工程师及施工班组按计划完成工作,或者进行必要的调整。

④周汇报工作制。为配合双周滚动计划的实施,建立每周进度汇报分析制度。汇报分

析会由项目副经理主持，项目经理、项目总工、项目总调度和各级主管人员参加，检查一周工作情况。

3）采用严格的管理与控制保证措施

（1）强化项目管理，实行项目经理负责制，设立能协调各方面关系的协调机构，配备素质高、能力强、有开拓精神的管理班子，确保施工进度。

（2）制定各工序的操作规程和质量标准，强化施工现场管理，做到文明施工，努力实现施工管理的标准化、科学化、合理化，使施工生产有条不紊。

（3）认真做好施工中的计划统筹、协调与控制。落实每周工程施工协调会制度，做好每日工程进度安排，确保各项计划落实。编制详细的工程施工总进度计划，并采用微机管理技术，对施工计划实行动态管理；建立主要的工程形象进度控制点，围绕总进度计划，编制月、周施工进度计划，做到各分部分项工程的实际进度按计划要求进行；每期根据前期完成情况和其他预测变化情况，对当期计划和后期计划、总计划进行重新调整和部署，确保如期交工。

4.2.4　施工成本标准化管理

随着市场经济发展，总承包单位之间的市场竞争也愈加激烈。此外，总承包单位都有着提高企业经济效益、降低工程造价的成本目标。为了完成既定目标，大多数总承包单位都会通过各种方法合理控制工程造价。进一步说，总承包单位要想在市场中具有竞争优势，首先要控制的就是成本。

控制项目成本就是为了提高综合经济效益，实现利润最大化，实现既定成本目标。施工成本控制要围绕整个施工过程开展，整个施工过程中都要全方位控制管理生产经营过程中消耗的人力、物力及各项费用开支等生产因素，周全考虑各项生产费用，以确保在项目规定时间内使项目达到所要求的质量。为了实现上述目标，许多总承包单位开展了施工成本标准化管理。施工成本标准化管理是指施工企业在生产经营活动中，根据一定时期的技术水平和管理水平制定符合企业经济技术要求的成本管理标准，并依据这一标准展开成本管理的过程。

1. 施工成本标准化管理原则

1）全面控制原则

（1）全员控制。项目施工成本是考核项目经济效益的综合性指标，它涉及项目施工有关的各部门，与项目公司、承包单位、施工单位及监理单位切身利益有关。因此，项目施工成本的控制需要各部门配合，树立起全部门控制的观念。

（2）全过程控制。项目施工成本涉及项目整个周期。因此，项目成本形成的全过程（投标、设计、实施及竣工验收）都要有成本控制的意识，需要从项目全过程建立标准化的成本控制方法。

2）目标管理原则

目标管理是进行管理工作的基本方法和手段，施工成本标准化管理也应遵循这一原则，即"目标设定、分解→目标的责任到位和执行→检查目标的执行结果→评价和修正目标"，从而形成目标管理的"计划、实施、检查、处理"循环。在实施目标管理过程中，目标的设定应切实可行，越具体越好，要落实到各部门、班组甚至个人；目标的责任应全面，既有工作责任，更要有成本责任。在目标管理的每个阶段，应建立施工成本标准化方法，对每个流程的成本管理，细化到具体的部门与个人。

2. 施工成本标准化管理措施

1）成立专门标准化领导小组，制定标准并推进标准化实施

项目公司应成立以总经理为首，成本管理人员为主，各相关部门负责人参与的标准化小组，对项目公司情况进行具体分析，保证制定的成本管理标准体系是适应本公司实际情况的。标准化小组成员包括了各相关部门的负责人，负责人的参与使标准的制定更合理和科学，也有利于标准的推行工作。

2）加强相关人员培训，提高管理水平

施工成本标准化管理的主体是项目公司，对象是工程项目，实际操作者是相关人员，因此相关人员对施工成本标准化管理的认识、理解程度、执行力都将对实施效果产生重要影响。要保证施工成本标准化管理的实施，就要对相关人员进行系统培训，保证其对施工成本标准体系有充分的认识。可针对成本管理人员和其他相关人员分别进行培训。对于成本管理人员，需要掌握标准体系制定的原因、具体方法、标准实施规则和程序等，掌握标准的同时还要能解释标准。对于其他相关人员，需要进行标准具体实施细则和实施流程的培训，尤其是与其息息相关的内容要进行详细讲解，保证各部门相关人员对标准理解透彻、严格贯彻。

3）施工成本标准化电子管理和信息服务平台

成本标准化管理体系不是简单的标准图表、标准流程的宣贯，而是不同单位、不同部门间的复杂耦合，所以要通过电子管理平台将标准表单、标准流程、标准技术、标准方法、体系文件等相互配合使用，实现在公司内部的共享。另外，成本标准化管理体系中的很多内容需要通过信息服务平台呈现，比如对于项目标准化而言，需要建立内容丰富的产品库，在产品库中形成不同类型项目的不同配置标准，这些配置标准内容量大、复杂，需要通过电子平台方式才可有效实现。电子平台能够更好地进行跟踪和分析，实现过程控制，同时可以更高效地对施工成本管理效果以及相关数据进行分析，帮助企业更好地实现成本标准化管理（杨肖霞，2017）。

4）落实技术组织措施

落实技术组织措施，以技术优势获取经济效益，这是降低项目成本的关键措施之一。

一般情况下，项目应在开工以前根据工程情况制定技术组织措施计划，作为降低成本计划的内容之一列入施工组织设计。在编制月度施工作业计划的同时，也可按照作业计划的内容编制月度技术组织措施计划。为了保证技术组织措施计划的落实，并取得预期的效果，应在项目经理的领导下明确分工。

4.2.5 环境保护标准化管理

1. 总体要求

(1)为规范项目施工现场管理，提高文明施工管理水平，创建文明行业，依据国家有关法律法规、方针政策等进行环境保护标准化管理。

(2)环境保护主体主要包括项目部和施工现场等，驻地办参照执行。

2. 基本要求

(1)项目部要把环境保护作为一项重要工作，项目经理是环境保护第一责任人，对环境保护负总责。

(2)施工现场要建立定期的宣传教育制度，结合工程实际情况，开展环境保护创建活动。

(3)项目公司应主动与沿线政府及有关单位配合，积极开展环境保护标准化活动。

3. 环境保护标准化管理措施

1)项目部驻地

(1)项目部生活、办公应分离设置，各科室应有明显的标示牌，办公室地面要硬化，各类办公设施配备齐全、布局合理、整洁有序。

(2)各种环境保护资料应齐全、规范，要建立收发文制度。

2)施工现场

(1)公路改建工程应尽量采取封闭交通施工，并发布通告明确绕行路线，如确有困难可采取半幅施工，但必须设置明显有效的隔离设施。

(2)施工便道及时维护，经常洒水防尘，排水设施完善，保证晴雨天车辆畅通。

(3)切实遵照国家及地方有关环境保护方面的要求，并在施工组织设计中有相应保证措施。

(4)废料与垃圾以及不需要的临时设施应及时从现场清理、拆除，并运到指定地点。

3)生活卫生

(1)必须在施工现场建设符合规定的食堂、宿舍、厕所等必需的生活和卫生设施。建立健全施工现场各项卫生制度。

(2)施工现场饮用水必须符合以下规定：①饮用水必须符合国家卫生标准；②施工现场必须设有保温开水桶，并加盖，防止污染。

4)防止水土流失和废料废方处理

(1)防水排水。①在施工期间应始终保持工地良好的排水状态，修建必要的临时排水渠道，并与永久性排水设施相连接，且不得引起淤积和冲刷。②雨季填筑路堤应随挖、随运、随填、随压实，依次进行；每层表面应筑成适当的横坡，不积水。

(2)冲刷与淤积。①应采取有效预防措施，防止施工场所占用的土地或临时使用的土地受到冲刷。②应采取有效预防措施，防止从工程施工中开挖的土石材料对河流、水道、灌溉或排水系统产生淤积或堵塞。③施工中的临时排水系统应能最大限度地减少水土流失及对水文状态的改变。④开挖或填筑的土质路基边坡应及时采取防护措施，防止雨季到来时水流冲刷坡面而影响排水系统的功能，减少对附近水域的污染。⑤不得干扰河道、水道或现有灌溉、排水系统的自然流动，以免导致冲刷与淤积的发生。

(3)废料废方的处理。①废料和废方的处理不得影响排灌系统及农田水利设施，不得向江河、湖泊、水库和专门堆放地以外的地方乱倾倒。应按图纸规定或监理工程师的指示在适当地点设置弃土场，有条件时，力求少占土地，并对弃土进行整治利用。②当设置弃土堆时，应按《公路路基施工技术规范》(JTG/T 3610—2019)的规定执行。③桥梁施工过程中的泥浆及废弃物等，应在工程完工时即时清除干净，以免堵塞河道和妨碍交通。

5)防止或减轻水、大气受污染

(1)保护水质。①施工废水、生活污水不得直接排入农田、耕地、灌溉渠和水库，严禁排入饮用水源。②公路工程施工区域、砂石料场，在施工期间和完工以后，应妥善处理以减少对河道、沟渠的侵蚀，防止沉渣进入河道或沟渠。③冲洗集料或含有沉积物的操作用水，应采取过滤、沉淀池处理或其他措施，做到达标排放。④施工期间，施工物料如沥青、水泥、油料、化学品等应集中堆放，严格管理，防止物料随雨水径流排入地表及附近水域造成污染。⑤施工机械应防止严重漏油，机械在运行中产生的油污水未经处理不得直接排放，维修机械时产生的油污水不得直接排放。

(2)控制扬尘。①为了减少施工作业产生的灰尘，在施工区域内应随时进行洒水或其他抑尘措施，使施工区域内不出现明显的降尘。②易引起粉尘的细料或松散料应遮盖或适当洒水润湿。运输时应用帆布、盖套及类似遮盖物覆盖。③运转时有粉尘发生的施工场地，如水泥混凝土拌和机站(场)、大型轧石机场、沥青拌和机站(场)等投料器均应有防尘设备，在这些场所作业的工作人员，应配备必要的劳保防护用品。

(3)保护绿色植被。①项目公司应尽量保护公路用地范围之外的绿色植被。若因修建临时工程破坏了现有的绿色植被，应负责在拆除临时工程时予以恢复。②要保护公路两旁的古树、名木和法定保护的树种，即使处在公路用地范围内，也要设法保护。③施工期间工程破坏植被的面积应严格控制，除了不可避免的工程占地、砍伐以外，不应再发生其他形式的人为破坏。

4.3　本　章　小　结

本章结合建个元高速公路项目施工特点，从质量、安全、进度、成本及环境保护方面提出了项目施工精细化管理和施工标准化管理措施。

(1)将精细化管理应用于项目施工的质量、安全、进度、成本及环境保护方面，分析了项目施工质量精细化管理、安全精细化管理、进度精细化管理、成本精细化管理、环境保护精细化管理方面的影响因素，提出了项目施工精细化管理措施。

(2)将标准化管理应用于项目施工的质量、安全、进度、成本及环境保护方面，分析了项目施工质量标准化管理、安全标准化管理、进度标准化管理、成本标准化管理、环境保护标准化管理方面的影响因素，提出了项目施工标准化管理措施。

第5章　建个元高速公路 PPP+EPC 项目运营管理

5.1　运营管理设计

5.1.1　运营管理主要内容

结合通车计划及项目实际情况,根据国家相关法律法规及云南省交通厅对高速公路运营管理工作的要求,对运营管理工作内容进行了详细梳理。

(1)收费管理:通行费征收、收费安全管控、收费文明服务、票卡管理、清分结算、交通量及通行费统计分析、收费稽查、银行缴款、堵漏征收、联勤联动、站级管理、道路及站区监控管理等。

(2)路政管理:公路法律法规执行、通行安全管控、应急预案建立与培训演练、交通事故处置、施工现场交通组织、路政路产巡查、路产路权维护及多方联勤联动、清障保通、道路救援等。

(3)养护管理:对高速公路土建结构、绿化设施、交安设施、机电设施开展日常养护巡查、定期检测检修、日常小修保养、养护工程(专项工程、大中修工程)、应急抢险抢修、养护工程质量管控等。

(4)经营管理:服务区卫生间、停车区、便利店、餐厅、超市、汽车加水、充电桩等的日常维护与管理;服务区加油站日常经营与管理;高速公路管道租赁;沿线广告位的设置与租赁。

5.1.2　运营管理架构

1.运营机构

按高速公路"安全、效率、服务好、成本低"的管理综合目标,项目运营机构设置坚持"精简、合理、高效"的原则,统筹兼顾。

项目运营管理拟采用"项目公司-运营项目部-业务单元"三级管理模式。项目公司主要负责运营管理的宏观控制和资金统筹还贷的工作;运营项目部主要负责运营管理的统筹、协调、指导与考核等工作;业务单元承担具体的日常运营业务。运营项目部设置收费管理处、路巡安全处、养护管理处、综合管理处四个部门;业务单元包括收费业务、路巡安全业务、养护业务及综合业务四个部分；运营项目部及以下机构由专业分包单位组建。

2. 运营人员配置

根据前期对云南省类似规模运营项目的调研，结合项目公司的有关规定，以及建个元高速公路项目的实际情况，本着精简高效的原则，合理配置本项目运营人员，如表 5.1 所示。

表 5.1 建个元高速公路项目运营管理人员配置

类型	版块	备注
项目公司	运营项目部	项目公司运营管理部人员
专业分包	高管	无
	综合管理	
	收费管理	
	路巡安全管理	
	养护工程管理	
	收费站	
	后勤	

5.1.3 运营方案

1. 运营工作背景

1) 全国高速公路省界收费站撤销

根据《国务院办公厅关于印发深化收费公路制度改革取消高速公路省界收费站实施方案的通知》（国办发〔2019〕23 号），2019 年底前基本取消全国高速公路省界收费站，实现不停车快捷收费。

2) 加快电子不停车快捷收费系统推广

《国务院办公厅关于印发深化收费公路制度改革取消高速公路省界收费站实施方案的通知》（国办发〔2019〕23 号）要求，加快电子不停车收费（electronic toll collection，ETC）系统的推广应用，2020 年高速公路入口车辆使用 ETC 比例超过 90%，促进高速公路运营向智能化、信息化、数据化方向发展，大幅度降低高速公路运营的人力成本。

3) 云南省运营现状

通过对云南省及红河州境内多条高速公路的调研，发现项目周边高速公路运营管理工作模式多采用委托运营的方式。

4）中国电力建设股份有限公司运营管理工作要求

为提升运营管理水平，完善投资项目运营管理机制和履约能力，中国电力建设股份有限公司明确要求"坚持一体化运营、集约化运营，应形成投资建设和运营管理责任主体一体化"。

2. 运营管理模式

高速公路运营管理体制作为管理工作的重要基础和载体，关系着高速公路建设事业的可持续发展。全线运营管理体制、机构设置秉承"精干、高效"的原则，建立高效合理的运营管理组织架构，统筹规划，综合考虑，不断提高运营管理水平，实现高速公路建设事业的可持续发展。

通过调研相关高速项目运营管理情况，分析全国高速公路运营管理特性，从而对自主运营管理与委托（专业分包）运营管理两种模式进行研究和对比，本项目运营管理工作拟采用"自主运营+专业分包"模式。专业分包业务范围包括通行费征收、路政、综合业务、道路养护及清障救援。专业分包前期按两年进行专业分包，分包起始时间从项目正式通车后起算，自期限届满时失效，后续运营工作根据分包单位连续两年的绩效考核结果和运营效果评价，再行确定后续分包时限，当公司资产运营规划发生变化时（如公司组建运营管理分公司），可提前终止分包。

3. 专业分包业务范围

1）通行费征收业务、路政业务、综合业务

通行费征收业务、路政业务及综合业务一线操作人员需求量大，人员密集，计划采取"整体专业分包"模式，由项目公司通过邀请或公开招标选择有高速公路运营经验的单位承担以上运营业务。

通行费征收业务主要包括通行费征收、监控管理、机电设施运维三项内容；路政业务包括依法依规做好路产路权维护、路产损坏赔偿处理、突发事件处置、安全应急、文书档案管理等工作内容；综合业务包括管理中心和驻地的保洁、秩序维护、物业修缮、食堂管理、班车管理和部分文件、档案管理工作。

2）道路养护

参照云南省运营高速的通用做法，道路日常维护、小修由专业分包商负责；中修、大修通过招标的方式，选择资质条件和技术水平满足要求的专业单位负责实施。

3）清障救援

由项目公司与具有高速公路救援经验及相关资质的救援单位签署道路救援合同，由外部救援单位全面负责实施高速公路清障救援工作。

4. 运营期经营开发方案

1) 停车区、服务区(非油)经营开发方案

结合云南省相关要求,服务区应与项目同步建成并为社会公众提供服务。参照其他高速公路服务区经营管理模式,公司拟对本项目服务区、停车区的超市、餐厅等非加油项目进行整体打包招租,择优选取专业的服务区经营管理公司进行本项目沿线服务区的经营(含装修)。

服务区和停车区的超市、餐厅等非加油项目整体打包(含装修),前 10 年进行对外招租,选择专业的服务区经营管理公司进行经营管理。服务区(非油)经营选择"固定租金+年增长率"模式。

服务区、停车区经营管理公司负责经营场区内的装修或装饰(包含办公区、生活区和公共区域)。装修标准应经项目公司审核,不得低于 500 元/m²,且达到 3 星服务区及以上标准。所有费用由经营管理公司自行承担,在其经营成本中进行摊销。租赁期满后,所投入的设施设备均无偿归甲方所有。

经营范围包括超市、餐饮(含自助餐)、特色小吃、旅游、住宿、娱乐、汽修、广告(广告设置仅限服务区范围内)等与服务区相关的经营项目及场地租赁,这些业务以外的经营项目需要征得项目公司同意。

服务区承租范围内经营性项目的经营管理、运行维护、标识标牌、物业管理、保安保洁、人事薪酬及免费开水供应点等由经营单位负责。

项目公司负责招标,委托运营单位负责日常监管。后续阶段根据交通量增长情况再决定自主经营还是继续对外招租,若继续对外招租,可根据经营单位的服务质量,在同等条件下优先考虑与前期经营单位进行合作。

2) 加油站经营开发方案

参照其他高速公路加油站经营管理模式,加油站(含便利店)经营管理前 10 年采用"固定租金+吨油提成"模式或采用合作单位合作经营模式,即业主提供特许经营权、场地和房建,合作方提供证照、装修、经营团队,双方按比例共享收益和承担风险,合作期结束后,所有资产无偿归业主方。

结合云南省相关要求,加油站应与项目同步建成并为社会公众提供服务。加油站房建部分纳入总承包房建施工范围,加油站经营管理公司负责装修。

经营范围包括加油站管理用房、加油站区域,以及加油站便利店。经营项目为加油站成品油销售、便利店商品销售。

为了使加油站的服务质量有保证,尽可能选择有实力的地方国企油品公司。项目公司负责招标,委托运营单位负责日常监管。后续阶段再根据中电建路桥集团有限公司整体规划和本项目交通量增长情况决定是否采取其他经营模式。

3）广告位经营开发方案

根据《云南省人民政府办公厅关于印发云南省公路铁路沿线广告类设施清理整治专项行动方案的通知》（云政办函〔2020〕43 号）、《红河州人民政府办公室关于印发红河州公路铁路沿线广告类设施清理整治专项工作方案的通知》（红政办函〔2020〕40 号)等要求，结合本项目的实际情况研判，暂不涉及广告经营业务。

4）充电桩经营开发方案

结合云南省相关要求，服务区的充电桩应符合地方相关规定。本项目中充电桩作预留考虑，应与相关单位对接协商。项目公司负责招标，拟采用充电桩整体打包模式(设计+建设+经营)，交由委托运营单位进行统一监管。该项工作视市场需求和地方要求及时推进。

5）其他

服务区、停车区内的非经营性项目及公共区域的运行维护、停车管理、日常管理等，由该区域内的经营单位根据经营项目功能、用地面积等协商后确定。

5.2　运营成本及效益

高速公路项目的运营效益是由高速公路产品属性和高速公路运营管理的内容所决定的。高速公路产品的属性可以分为公益性和商品性，公益性是高速公路的本质特性，商品性是在现阶段市场经济条件下高速公路发展的内在要求。公益性要求高速公路在规划、发展、经营管理中必须体现社会效益，而商品性则要求高速公路经营必须考虑投入和产出，追求适当的经济效益。其次，高速公路运营管理具有复杂性、系统性、技术密集性和社会性的特点，需要在维持高速公路产品可持续使用的基础上实现高速公路的投资效益，在社会效益和经济效益两个维度之间保持平衡(李树岩，2012)。

项目公司可运用科学的现代化管理手段和有效的经营开发措施，利用现有高速公路设施及其沿线资源，提高运营收入，降低运营成本，提升运营管理效率，从而提高企业本身的运营效益。

5.2.1　运营成本管理

1. 高速公路运营成本构成及特性分析

1）高速公路运营成本构成

企业在高速公路运营过程中付出的所有开支就是高速公路运营成本。当前大部分高速公路企业收入占比最大的就是通行费收入，其他各类创收项目在企业收入总额中占比相对而言较小。高速公路运营成本结构如图 5.1 所示(晏振华，2017)。

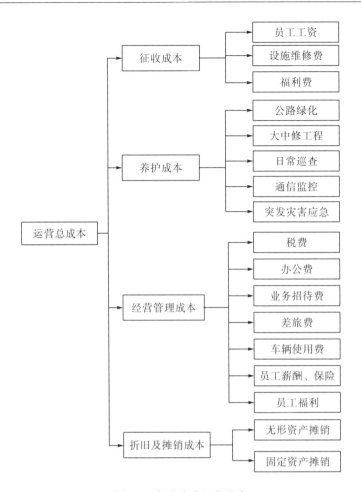

图 5.1　高速公路运营成本

由图 5.1 可知，高速公路运营成本主要由征收成本、养护成本、经营管理成本、折旧及摊销成本构成。征收成本和经营管理成本相对比较固定，不易产生较大的浮动。养护成本具有不可控性，是影响运营效益的重要因素，因此合理控制养护成本是提高运营效益的关键。

2) 养护成本类别划分

世界道路协会于 1983 年建议将公路养护统一划分为日常养护、定期养护、特别养护和改善工程四类。我国一般将公路养护分为预防性养护、修复养护、专项养护和应急养护四类。通过查阅相关资料，将养护成本分为公路预防性养护成本、公路日常养护成本、公路专项中修养护成本、公路大修养护成本(徐莲怡，2019)。

(1) 公路预防性养护成本。预防性养护是指在公路整体性能良好，且还未发生损坏或产生轻微病害时，为防止公路性能过快衰减、延长使用寿命而预先采取的主动防护工程。公路预防性养护是以"预防为主、防治结合"为目标，将造成公路病害的因素"发现在先、处置在前"，能提高公路养护质量和养护资金的使用效率。

　　(2) 公路日常养护成本。公路日常养护指对公路及沿线工程设施进行预防性保养和对轻微破损部分进行修补，使公路保持良好的运营状态，满足行车要求。公路日常养护成本由路基、路面、桥涵、隧道、安全设施维护、公路绿化、通信及监控设施维护、水电设施维护、收费系统维护、房屋维修、公路灾害防御及抢修和其他成本组成。高速公路日常养护成本基本组成见表 5.2。

表 5.2　高速公路日常养护成本基本组成

养护内容	基本组成
路基	路基边坡日常巡检，挡土墙、路缘石等更换维修，构筑物裂缝的修补，水沟杂草的清除，排水设施等局部恢复、维修
路面	路面日常巡检，裂缝和路面坑洞的修补，路面保洁和人工清扫等
桥涵、隧道	桥涵、隧道日常巡检，桥梁附属结构维护、桥梁钢结构改造，桥面的裂缝和坑洞的修补，隧道洞内漏水治理，隧道壁变形开裂修补，隧道路面污垢清洗等
安全设施维护	交通设施日常巡查，隔离栅、隔离墙、钢护栏、铁丝网、防撞岛、标志标线等设施的清洗、修理、补缺等
公路绿化	公路沿线及管理区各种绿化植物的养护、补种、更新和改造
通信及监控设施维护	通信系统中的电缆、电源、交换机等通信设施和监控系统中整套监控设备的维修、更换等
水电设施维护	高压系统、低压配电系统、发电机、区域照明系统、空调热水系统、给水管网设施、污水处理系统等的维修、更换等
收费系统维护	车道控制机、收费显示器、声光报警器、费额显示器、栏杆控制机、称台等收费设施的维修、更换等
房屋维修	服务区、停车区、隧道管理站、收费站、管理区等房屋的维修
公路灾害防御及抢修	预防自然灾害性事故及应急突发性事故所发生的路产保险费、防洪保安费、专项应急物资和应急演练支出等
其他	公路维护而发生的检测费、勘测费、试验费、设计费等

　　(3) 公路专项中修养护成本。公路专项中修养护是对公路及沿线设施的经常性磨损和小部分损坏进行加固和维修，以恢复公路原状为目的，达到车辆行驶需求的小型工程项目。若该路段交通量饱和，工程设施不适应交通荷载，应对路段进行分段改造，逐级提高技术等级，或对路段的交通工程设计进行技术改造，以及改建服务区等，通过改扩建提高路段通行能力，这也属于公路专项工程。高速公路专项中修养护成本基本组成见表 5.3。

表 5.3　高速公路专项中修养护成本基本组成

公路专项类别	养护内容	基本组成
一般专项工程	路基、路面专项工程	路基、路面缩缝维护，修补裂缝和坑洞等
	桥涵、隧道专项工程	桥梁定期检测和加固，桥梁裂缝、伸缩缝修复和更换，隧道病害专项处治等
	公路绿化专项工程	大规模植被更换和种植
	交通安全设施专项工程	路面标线和标志标牌等交安设施规模性更换、交调站点的建设等

续表

公路专项类别	养护内容	基本组成
改扩建专项工程	服务区、收费站、监控中心、管理区等房屋改扩建专项工程	房屋外墙、天棚等的维修，给水管网改造、新建宿舍楼、管理站房改扩建等
	一般改扩建工程(线网改造、电子设备更新)	干线网改造、ETC 设施、车道重设备改造、监控设备及不间断电源(uninterruptible power supply，UPS)等通信及监控设施更换和改造
其他专项工程	交通拥堵专项工程	特殊专项工程

(4)公路大修养护成本。高速公路运营中后期或特殊情况下，公路及其工程设施会发生较大损坏。大修工程是对高速公路的周期性损坏进行大型综合修理，使其全面恢复到原设计标准。高速公路开通带动经济的发展，车辆荷载不断增加。当高速公路运营到一定年限时，路基和路面会存在沉陷病害，部分路段的路面会出现严重的裂缝、沉陷、龟裂、块裂等现象，沿线护栏发生严重变形，或遇到突发的重大水毁造成路基的严重破坏时应对公路进行大修维护。大修工程主要是对路基工程、路面工程、桥涵隧道工程进行全面加固和病害处理，以及对排水设施、通信系统和交通安全设施进行综合性维修。公路大修一般采取封闭式维修，直到路段大修全面结束(徐莲怡，2019)。

2. 高速公路运营成本控制措施

1)构建全面成本控制体系

本节将从以下四个方面建立全面成本控制管理体系：①构建养护成本预防性养护体系；②建立机电设施周期性维护测量系统；③制定各项明细支出标准及支出精细化管理；④主动提高科技水平、完善财务管理制度和监督机制。具体如图 5.2 所示。

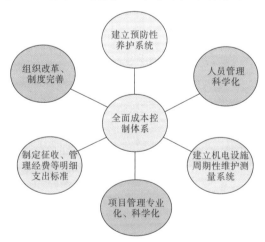

图 5.2　全面成本管理体系图

2)全面成本控制管理措施

(1)建立预防性养护系统。

①采用全面预算控制成本支出，参考先进管理措施。根据项目对标管理办法等，参考

先进高速公路管理单位情况并结合近年来相关项目实际情况对各项费用进行细化。细化日常养护、维修、保养经费，包括公路路基、路面、桥梁、隧道、交通安全、路面绿化、维修保养清洗等费用（原静霞，2016）。

②对路面进行周期性保养，建立预防性养护体系。预防性养护可使路面达到最佳状态，保证路面良好的使用性，充分发挥投资效益。预防性养护具有周期性和强制保养的特性，这就决定了预防性养护是在提前预防。即使路面尚处于良好状况，或者只有某些病害先兆时，也要进行实时维护。相关研究表明，通过预防性养护可减少一般性养护资金，可见建立预防性养护系统的重要性（杜龙义，2010）。

③设立养护工程监理办公室，提高养护人员成本管理意识。在养护部门设置监理办公室，对养护施工单位进行监督管理。

④整合路段资源，对养护进行精细化管理。根据通车时间和路段等级，分路段进行管理。根据路段的水泥稳定性、路段基层等信息，结合维修时间、维修状态、工程预算等，建立路段养护数据，实行精细化管理。

（2）建立机电设施周期性维护测量系统。

首先是建立完整的机电设施质量检测维护系统，制定完整的机电工程质量定期检验制度。同时，加强各部门之间的互相检查，以保证每项检查工作都达到所要求的质量标准。其次，积极对机电设备进行预防性维护检测，定时进行质量检验，对于机电设施的各个环节，尤其是容易出现事故或危险的环节，采取专门的维护预防措施，设专人管理。

（3）支出标准及支出精细化管理。

制定机电费用支出明细，通过全面预算控制成本支出。根据相关文件，对各项费用进行全面预算控制。路政日常经费主要包括维护费用、更新路政常用装备及设备的费用等。

（4）人事管理科学化和系统化。

①科学合理安排人员。统计交通量，结合季节、天气等因素，对收费班次以及收费人员进行合理调整，科学合理地安排收费人员人数及运转方式。同时重视人力资源管理，提高工作效率。

②加强人员激励考核机制。结合单位或企业实际，建立更加符合本单位或企业特点的高速公路收费人员薪酬激励制度。

3）全面成本控制体系构建的组织保障

（1）提高高速公路科学技术水平和信息管理水平。

①加强高速公路联网收费技术。通过高速公路收费联网，实现对原始数据的掌握，从中发现相关的规律，进而为相关决策提供数据支撑；大力拓展 ETC 技术，一是可以降低人工费用，二是避免了人工收费出现的错收和漏收情况。

②建立高速公路信息化系统。整个系统包括养护路面管理系统、机电检测预防系统、养护计划资金管理系统、备品备件出入库系统等，同时建立多个子系统，达到资源共享、数据共享的目标。

（2）提高经营者管理地位和待遇。根据高速公路运营形式，借助科学的测评方法，依靠市场对经营者逐步实现淘汰制。经营者必须对企业盈亏负责，承担经济责任，其自身也应有良好的道德修养、自我约束能力和工作能力。经营者工资应充分合理地反映其贡献与才能，根据经营利润计算酬劳，和企业的实际收入挂钩。

(3)加强对成本的第三方监督和考核工作。引入第三方监督、审查机制，完善第三方审核制度，通过定期外部审核，分析成本管理问题；加强内部审核，通过建立定期内部考核台账，定期分析比较，指出成本节约或超支的原因，并公示考核结果，与责任人的绩效强行挂钩，并采取实质性的奖励或惩罚措施。编制责任报告，报告内容结合实际，纠正责任人行为偏差，达到降低运营管理成本的目的。

5.2.2　运营效益提升措施

高速公路提升运营效益的主要措施是提高运营收入和运营管理效率。运营收入主要包括通行费收入和多元化经营收入。通行费收入是高速公路企业的主营收入，决定通行费收入的关键因素是收费标准和收费交通量。收费标准是受政府监管的，因此在收费标准确定的情况下，提高通行费收入较有效的办法就是加强收费管理和增加车流量。

1. 采取措施吸引车流

增加车流量是提高高速公路收入较有效的办法。高速公路企业可通过完善伺服系统、提高服务水平和优化通行环境等手段，吸引和发展潜在的客户群，从而提高通行费收入（王楠，2020），具体措施如图 5.3 所示。

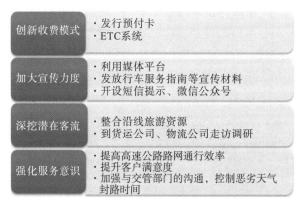

创新收费模式	·发行预付卡 ·ETC系统
加大宣传力度	·利用媒体平台 ·发放行车服务指南等宣传材料 ·开设短信提示、微信公众号
深挖潜在客流	·整合沿线旅游资源 ·到货运公司、物流公司走访调研
强化服务意识	·提高高速公路路网通行效率 ·提升客户满意度 ·加强与交管部门的沟通，控制恶劣天气封路时间

图 5.3　提高车流量措施

2. 深入开展多种经营模式

建立市场化业务投资平台，培育战略性新兴业务，搭建多种经营管理模式，增加运营业务收入。

(1)服务区业务。服务区经营有很大发展空间，可以向服务区运营商转型，建立购物、维修、加油、休闲多功能区域。

(2)智能交通业务。开发高速公路业务，如设施设备的采购、后期维护维修，以及为高速公路提供信息服务等。此外，可利用高速公路铺设的通信光缆，在满足企业需求的同时，以出租形式合作经营通信信息业务。可以向智能交通、智能楼宇、智慧城市等新兴领域方向发展。

(3)广告传媒业务。利用高速公路沿线的跨线桥、围挡、指示牌等，为广告客户开展多种形式的媒体广告业务，同时加强广告设施建设，这不但实现了多渠道增加经济效益，而且美化了沿线设施。

3. 提升高速公路管理服务水平

(1)加强横向沟通，建立联动机制。一是建立与高速交警支队、高速管理处之间的联动机制，各路段要有专门联系人负责与交通、路政的协调，定期召开协调会、座谈会，加强合作与沟通；保证与交警、路政沟通的顺畅。二是加强路网中心与各高速监控中心之间的工作衔接，定期分析共性问题，统一相关业务流程，形成默契配合，步调一致。三是加强运营收费部门与养护部门的协调联动。一旦出现恶劣天气，收费运营与养护部门要紧密配合，各司其职，按规定启动相关应急预案，加强交通疏导，保障道路畅通。

(2)完善预案管理，应急措施常态化。注重提升公路交通应急处置与保障能力，加强预案管理，做好重大突发事件应急处置与公路水毁抢修保通工作，加强应急队伍建设，整合各路段管理预案，深入开展联合应急演练，统筹考虑。以保畅通为前提，根据高速车辆的通行状态定期、不定期地进行各项预案实践与操练，总结经验、查找问题、进行完善，从上至下了解预案、掌握预案、规范操作、科学管理。

5.3　本　章　小　结

本章阐述了高速公路运营管理内容，介绍了运营管理架构和运营方案，分析了运营成本的构成，提出了运营成本控制措施和运营效益提升措施。

(1)运营管理主要包括收费管理、路政管理、养护管理、经营管理，本项目采用"项目公司-运营项目部-业务单元"三级管理模式。

(2)本项目采用"自主运营+专业分包"运营模式，并对停车区及服务区(非油)经营开发方案、加油站经营开发方案、广告位经营开发方案、充电桩经营开发方案进行了讨论。

(3)高速公路运营成本主要由征收成本、养护成本、经营管理成本、折旧及摊销成本构成。高速公路养护成本类别包括公路预防性养护成本、公路日常养护成本、公路专项中修养护成本、公路大修养护成本。

(4)从养护成本预防性养护体系、机电设施周期性维护测量系统、明细支出标准及支出精细化管理、财务管理制度和监督机制四个方面提出了高速公路运营成本控制措施。

(5)从加强收费管理和增加车流量两个方面提出了运营效益提升措施，包括吸引车流、深化开展多种经营模式、提升高速公路管理服务水平。

第6章　基于BIM的建个元高速公路项目建设全过程信息化管理

6.1　BIM概述

6.1.1　BIM简介

1. BIM的定义

BIM技术是基于现代信息技术和计算机技术发展融合而成的建筑信息应用技术，采用数字技术存储和传递建筑结构和构造特征，并以3D模式直观表述，实现工程设计、施工、养护、运营管理信息传递共享和工作协同，促进工程建设项目全程信息化。BIM技术术应用效果如图6.1所示。

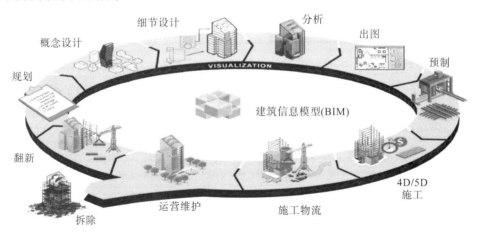

图6.1　BIM技术应用效果图

2. BIM技术特点

(1)可视化。BIM技术可以实现三维可视化，与传统的二维平面效果图相比较，采用BIM技术建立的三维立体图具有层次感和代入感的特点，可在项目的设计、施工及运维等环节中明确各个工况，这些环节在可视的环境下进行操作，有利于沟通、讨论及决策。

(2)模拟性。BIM技术可以实现在虚拟环境中对模型进行操作和处理，能够在前期规划阶段对工程模型开展模拟实验,在施工阶段可将施工工序和施工方法结合进行 4D 模拟和预演,同时结合资源配置对项目中的成本变动与去向进行 5D 模拟,运营维护阶段可以结合现场布置情况对紧急情况进行分析模拟。

(3)协调性。BIM 技术可以提高项目的协调性。项目实施过程中,各专业人员在设计阶段沟通不足、受专业限制会出现专业间"碰撞"等问题,容易导致项目设计变更,从而影响工期。BIM 技术可以有效解决在设计过程中出现的管线布置等结构设计"碰撞"问题,以及施工阶段出现的施工任务及进度管控问题。

(4)优化性。BIM 技术通过现代信息技术和计算机技术可以提供项目几何、物理等结构的具体位置及变化规律等信息,为工程参与人员优化现场问题;针对数据复杂性及时间问题,将项目设计、施工方案和投资回报结合分析并实时计算,便于业主根据造价对复杂项目进行优化。

(5)可出图性。BIM 技术可以生成不同类型的图纸,其中包括传统的工程结构设计图纸及构件加工图纸等,同时结合工程模型可完成可视化展示、模拟、协调、优化等功能,对综合管线及结构图纸、构件加工指导方案、"碰撞"检查报告和项目建议改进方案等进行描述(吴琳和王光炎,2017)。

6.1.2　BIM 相关软件

BIM 技术为工程项目中规划、设计、施工、运行维护等阶段带来可观效益、提升生产效率的同时,其价值的实现更离不开相关软件及设备。本节介绍几种常见的 BIM 建模软件。

1. Autodesk Revit 软件

Revit 软件由 Revit Technology 公司于 1997 年研发,于 2002 年被 Autodesk 公司收购,并在第二年投入中国市场,逐渐成为 BIM 主流软件。Revit 软件以建筑设计(Revit Architecture)为核心,融合了结构设计(Revit Structure)及机电设计(Revit MEP)等专业模块,可进行结构分析及管线设计。Revit 软件具有强大的交互功能,Autodesk 旗下所开发的软件均可与其互联,比如数量计算软件 Autodesk Quantity Takeoff、施工仿真软件 Autodesk Navisworks、结构分析软件 Autodesk Robot Structural Analysis 及能源分析软件 Autodesk Ecotect Analysis 等。该软件整合了建筑工程中的结构、施工、计量等全生命周期信息。Revit 软件操作简单、人机交互较好、功能比较齐全并全部可以实现人性化操作。该软件内置了大量的模型数据库,支持自由构思设计,同时建立了自己的族库。此外,Revit 软件允许实时改动绘图并加以呈现,提供多方位视角浏览、操作模型的功能,也支持不同专业同时对同一项目进行模型设计等作业,方便管理其相应信息(Ferrandiz et al.,2018)。

2. Bentley AECOsim Building Designer 软件

AECOsim Building Designer(ABD)是 Bentley 公司于 2012 年推出的一款建筑设计软件,该软件嵌入了建筑、结构、建筑设备及建筑电气四个专业模块,可以进行规划分析、模型设计、图文制作和可视化展示。

ABD 软件贯穿于项目规划设计、初步设计、施工图设计、建筑表现等设计阶段，能够创建三维模型和二维工程图，生成准确的报表，同时还可以与 SAP2000 等多款计算软件接口进行对接，可以对模型数据进行分析和计算。此外，ABD 软件极大地缩短了设计开发时间，减少了施工模型的制作时间，能够达到可视化应用效果，还能够预测性能、数量和成本，从而避免错误和疏忽，还能实现专业内部和专业之间的数据交互，达到协同合作目的(李云贵，2017)。

3. Dassault CATIA 软件

CATIA 软件是 Dassault 公司研发的一体化集成软件，广泛应用于航空航天工程、车辆船舶工程、机械工程等多个领域。该软件具备空间线路设计、结构分析、工程量分析等功能，可以针对不同项目规模及不同应用的需求定制相应的解决方案，特别是对于结构复杂、体量较大的项目或预制装配式等项目，CATIA 软件的设计建模能力、模型表现能力和信息管理处理能力都明显优于传统的建模类软件。比如，该软件结构方案设计可以通过预定义的结构构件模板高效生成结构模型，土木工程专用版还可以通过测量点等原始地形数据生成数字模型及断面，用于土方计算等。同时，CATIA 支持多种二次开发方式，并具有完整的参数化建模设计能力，适用于航空航天和汽车领域等大型系统的建模软件 Digital Project 就是在 CATIA 软件基础上二次开发的一个应用软件。

4. GraphiSoft ArchiCAD 软件

ArchiCAD 软件是 GraphiSoft 公司开发的一款功能强大的三维建筑设计软件，该软件是目前 BIM 系列软件中唯一可以适配 Mac 系统功能的软件。ArchiCAD 软件具有高度的集成化特点，建筑师可以根据工程设计需要生成任何表现形式的图件，元素属性可以直接从表格导入并对任何元素进行标记，这些属性可用于在项目中搜索、与图形覆盖一起使用，最后导出到 IFC(industry foundation class，工业基础类) 文件中。智能化的结构部件不但节约了绘制图纸的时间，而且能确保所得图纸的准确性。同时，ArchiCAD 具备平面图、立面图、剖面图、设计文档、参数计算等的直接联动性，可实现自动化生成，直观的动态方案演示和整体模型渲染，为设计人员提供了全方位可视化的设计方案。ArchiCAD 在欧美国家应用广泛，在方案、结构、装饰及施工一体化的房屋建筑设计领域最受欢迎。ArchiCAD 具有图层功能，可将图纸导入 AutoCAD 中进行参照，可以在 Android 和 iOS 移动设备上查看 BIM 结构。

6.1.3 公路行业 BIM 应用状况

1. 公路行业 BIM 应用存在的问题

BIM 作为一项新技术在公路设计中虽已有推广，且相比传统的二维设计表现出一定的优势，但由于起步较晚，应用也比较少，主要面临以下问题。

（1）工程自身的限制。公路工程是线性工程，"点多、线长、面广"是公路工程最基本的特点。进行公路设计时要考虑自然环境、地形、地质等因素，设计方案的确定受外界环境影响大。在此之前，BIM 技术的应用对象往往是单个建筑物，对于公路设计这样跨度大、区域广的工程，技术尚不成熟，对于公路设计中的单位工程比如隧道和桥梁可能更容易实现。

（2）BIM 标准缺失。BIM 技术在建筑行业已经得到普遍推广，但是在市政和公路行业还处于起步阶段，尤其是在公路行业。建筑行业的 BIM 技术已经有了较为成熟的 IFC 标准，而在公路行业领域，由于其自身的特点，目前 BIM 应用的成果较少，缺乏规范统一的标准，亟须通过工程实践建立公路工程 BIM 标准并不断地完善。

（3）缺乏专业软件。目前投入使用的公路设计三维平台主要有 AutoCAD Civil 3D 及 Microstation Inroad 等。AutoCAD Civil 3D 是公路设计中应用最普遍的 BIM 软件。无论是在设计三维可视化，还是在造价控制、运营维护等方面，AutoCAD Civil 3D 都有突出的优势。但是它无法完成桥梁和隧道的设计，如果需要设置桥梁，就需要把路线导入别的软件进行设计，不仅操作麻烦，还致使设计效率降低，这有悖于 BIM 的理念。

Microstation Inroad 是一款专业的公路设计软件，包含数字地面模型建立、道路几何设计、三维道路模型建立等一系列功能模块。但它也无法完成完整的桥梁建模，无法进行桥梁结构的详细设计，只能设计简单的桥梁上部结构。

（4）技术人员匮乏。当前 BIM 技术在公路设计领域的推广应用面临的一个重大问题是技术人员匮乏。BIM 作为一种新的技术理念仍不被广泛认可，有一些设计人员认为公路设计就是一个"线性"的工程，不像建筑有这么多的专业，会出现专业间的冲突、管线"碰撞"等一系列的问题，没有多大必要去应用和推广。

2. 公路行业 BIM 实施的必要性

1）行业发展的必然趋势

（1）BIM 技术以及信息化建设必然是建筑行业发展的趋势，将使建筑业焕发新的生命力。BIM 技术的不断发展和应用，必将使工程建设的全生命周期有质的提升。目前公路工程领域 BIM 技术应用仍处于起步阶段，抢占先机就等于占领制高点，对带动和引领行业的发展有十分重要的意义。在具体项目中应用 BIM 技术，在降低项目风险的同时，能有效提升 BIM 技术应用的水平和实用性。

（2）近年来，国家和行业主管部门不断通过规划以及文件的颁布实施，推动 BIM 技术的应用。

2）高速公路项目建设的实际需求

高速公路项目具有路线长、范围广、投资大、工期长、工期紧、地质情况复杂、桥隧比高、施工难度大、技术复杂及工程参与者众多的特点。高速公路项目一般控制性工程包括特大桥及特长隧道，这些工程具有施工难度大、施工周期长等特点，BIM 技术的应用将有效保证施工进度、质量和安全。

6.2　基于 BIM 技术的建个元高速公路项目建设管理信息系统

6.2.1　建个元高速公路项目采用 BIM 技术的必要性分析

1. 建个元高速公路项目特点

1）项目桥隧比高

(1) 建水至元阳段。本段桥隧比为 70.41%。五老峰隧道、咪的村隧道、阿白寺隧道均为特长隧道，其中五老峰隧道长度达 8347.5m。大桥、特大桥数量多，其中红河特大桥总长 1388m，主塔高度 162m，采用预应力砼 T 梁+钢板组合梁+悬索桥方案。

(2) 个旧至元阳段。本段桥隧比为 79.69%。全线桥梁 16.710km/4 座，隧道 24032.5km/14 座。兴隆隧道为特长隧道，长度达 8999.5m。

2）沿线工程环境敏感复杂

(1) 建水至元阳段。项目沿线穿越风景区、尼格温泉、基本农田、油库等，而且沿线矿区分布众多。建水县铅锌矿及个旧市境内大量分布锡矿等矿产资源，探明矿产、采空区区域密集。线路在建水 K1～K10 段与专用光缆多次交叉，对前期施工影响较大，而且协调难度极大。

(2) 个旧至元阳段。沿线存在乍甸、兴龙饮用水源一级保护区和规划的坡背水库、军事区、尼格温泉、丫沙底温泉、焕文山风景区，同时个旧市分布着大量锡矿等矿产资源。

3）不良地质类型多

(1) 建水至元阳段。沿线物理地质现象和发育，主要为活动断裂、高地温、高地应力、特殊岩性土、岩溶、滑坡、堆积体、崩塌、泥石流、岩堆、人为坑洞等。沿线出露温泉点 5 处，对线路有影响的温泉点 1 处，位于咪的村隧道附近，通过 4 次测试，孔深 200～230.14m 处井液温度为 33.35～37.33℃。对五老峰隧道、咪的村隧道进行地应力测试，最大测深段 (226.2m) 围岩处于高应力水平。沿线还有些尾矿库分布，对施工安全影响较大。

(2) 个旧至元阳段。沿线物理地质现象发育。个旧至元阳段可溶岩主要有四段（LK0+000～LK19+790、LK32+880～LK35+440、LK40+100～LK44+600 及 LK45+130～LK46+240），岩性为白云岩、灰岩以及白云质灰岩。可溶岩段线路长度约 27.96km，占个旧至元阳支线总长度的 55%，主要发育溶洞、溶沟、石崖、溶蚀洼地、落水洞等。花岗岩残积土工程区为 LK23+220～LK29+040、LK43+320～LK44+500 及 LK45+040 至线路终点段，地层岩性为花岗岩，根据现场地质调查，局部强风化-全风化岩体厚度大于 30m，风化深度较深，强风化、全风化岩土体力学性质差，对浅埋隧道围岩稳定性以及路堑边坡稳定性有一定的影响。其中兴隆隧道 LK24+500～LK24+800 段为浅埋隧道段，经初步地质调查知该段花岗岩风化深度较深，该段洞室在开挖过程中成洞困难，结构支护压力大，设计时应重视该段洞室稳定性，采取合理的支护结构型式。

4) 线路高差大

建水至元阳段最高点位于测区北侧白石岩，高程 2226m，最低点位于红河河谷，高程 220m，相对高差达 2006m。其中，咪的村隧道采取螺旋展线，进出口高差约 80m，坡度达到规范极限。

5) 环境保护、水土保持要求高

沿线附近有自然风景区、水源保护区、温泉生态旅游景区等，对施工噪声、扬尘、废水排放、场容场貌等问题极其敏感。因此，应做好公路建设中景观与自然环境协调工作，消除施工的痕迹，最大限度地保护环境，尽可能地恢复自然植被，建设"路景相融"的环保型、生态型样板高速公路。

2. 建个元高速公路项目难点

1) 不良地质类型多、分布广

本项目沿线物理地质现象发育，主要有高地温、高地应力、特殊岩性土、岩堆、岩溶、滑坡、崩塌、泥石流、地震、危岩体、采空区等。

(1) 高地温、高地应力。沿线出露温泉点 5 处，对线路有影响的温泉点 1 处，位于咪的村隧道附近，通过 4 次测试，孔深 200～230.14m 处井液温度为 33.35～37.33℃。对五老峰隧道、咪的村隧道进行地应力测试，最大测深段 (226.2m) 围岩处于高应力水平。

(2) 采空区。建水至元阳段内分布多处尾矿库 (K3+000～K19+000，约 16km)，对构造物结构以及施工安全影响较大。

(3) 溶岩。个旧至元阳段可溶岩主要有四段 (LK0+000～LK19+790、LK32+880～LK35+440、LK40+100～LK44+600 及 LK45+130～LK46+240)，岩性为白云岩、灰岩以及白云质灰岩。可溶岩段线路长度约为 27.96km，占个旧至元阳支线总长度的 55%，主要发育溶洞、溶沟、石崖、溶蚀洼地、落水洞等。

(4) 危岩体。受构造及卸荷裂隙切割影响，线路区局部桥台及边坡位置危岩体发育，施工对危岩体的影响较大，危岩体失稳会直接干扰施工或影响线路后期的运行，其中乍甸 2 号大桥桥台上部危岩体尤为明显。

2) 隧道施工工艺要求高、安全风险大

多条隧道洞口存在偏压且洞身有浅埋段，特别是炭山隧道整条隧道埋深较浅，洞身主要为堆积体，堆积体主要由块石、碎石组成，围岩稳定性较差。连拱隧道围岩较差，施工过程中极易出现偏压，存在隧道二衬开裂风险。

3）特长隧道数量多

本项目特长隧道有 6 座，其中五老峰隧道长 8347.5m、兴隆隧道长 8999.5m。随着施工的进行、洞身加深，隧道内的废气不能及时排出，随着浓度逐渐积累，不仅对人体造成危害，而且还将影响施工安全、进度等。两座隧道均为单向下坡，反向排水难度大，洞内施工排水不良会造成支护结构基础下沉，并影响仰拱回填的施工质量。特长隧道的通风系统、排水系统的设计是本项目的重难点之一。

4）高墩数量多

线路跨越山区沟谷地带，高墩桥梁较多，其中包家庄特大桥墩柱最高达到 127m。柔性墩等墩柱施工质量要求高，高墩位置集中，高空作业交叉干扰大，施工安全隐患大。高墩的施工质量、安全控制是本项目的重难点之一。

5）线路走廊带狭窄

线路处于山区狭长地带，交通条件受限。为满足施工要求和标准化建设，需要布设较多临时设施，但受场地狭窄限制，大临设施布设困难。特别是克勒 1#、2#隧道至他白依隧道，地处于龙岔河狭长陡峭沟谷地带，岸坡陡、落差大、桥梁隧道密集，施工场地布设尤其困难。

6）弃土场布设难

本项目挖方数量较大，施工过程中应合理调配土石方，减少弃方对土地的征用，规避高危弃土场，做好环境保护与水土保持，合理规划布设。

7）全线控制性工程多

五老峰隧道（8347.5m）、兴隆隧道（8999.5m）、红河特大桥（1388m）、主跨为 700m 的悬索桥是本项目的控制性工程。控制性工程是关键线路上的关键工程，其工期直接影响项目通车时间，对人员、技术、管理、组织、协调能力要求高。

8）项目参建单位多、协调管理难度大

本项目参建单位见表 6.1。

表 6.1　参建单位表

项目	建设单位	设计单位	监理单位	总承包部	施工项目部	第三方检测	专项检测
建个元高速公路项目	建水至元阳段	中电建红河州建个元高速公路有限公司	某设计院	三个标段	建个元总承包一部	八个标段	四个标段	四个标段
	个旧至元阳段		某公司	两个标段	建个元总承包二部	四个标段		

综上所述，建个元高速公路项目具有路线长、范围广、投资大、工期长、工期紧、地质地形情况复杂、桥隧比高、施工难度大、技术复杂及工程参与者众多的特点，是云南省建设难度最大的高速公路之一。项目重难点比较突出，控制性工程施工难度大、施工周期长。BIM技术的应用能有效控制施工进度、质量和安全，可通过三维设计获得工程信息模型和几乎所有与设计相关的设计数据，可以持续即时地提供项目设计范围、进度以及成本信息，这些信息完整可靠、质量高并且完全协调。通过 BIM 技术建立工程信息模型可使该项目交付速度加快、协调性加强、成本降低、生产效率提高、工作质量上升、收益和商业机会增多、沟通效率提高等。因此，建个元高速公路项目具有建立 BIM 管理信息系统的必要性。

6.2.2　BIM 数据中心建设

建个元高速公路项目 BIM 数据中心集成 BIM 信息、项目管理信息、工程档案信息，实现建个元高速公路项目的空间基础地理信息、质量安全数据、项目管理信息等数据的整合、交换和共享。本项目 BIM 数据中心建设包括机房建设、控制室建设、应用平台建设、视频监控系统建设及数据传输系统建设。

1. 机房及控制室建设

根据建个元高速公路项目建设方案，BIM 数据中心机房及控制室建设原则如下。

(1)《数据中心设计规范》(GB 50174—2017)规定"用于搬运设备的通道净宽不应小于 1.5m""当需要在机柜(架)侧面和后面维修测试时，机柜(架)与机柜(架)、机柜(架)与墙之间的距离不宜小于 1.0m"。

(2)根据使用要求及机柜厂家产品资料，服务器机柜尺寸为 800mm×1000mm×2000mm。

(3)根据机柜厂家的产品资料及实际使用情况，机柜满载重量可达 700～1000kg，经结构计算，房间结构满足设备承载要求，结合机柜空间布置优化房屋承载结构。

(4)根据项目公司提出的使用需求，房间布置及装修满足工作人员的使用条件。

1)机房建设

结合项目公司的实际情况，为了同时满足 BIM 数据中心的使用需求和机房建设的相关规范，BIM 数据中心机房建设情况如图 6.2 所示。

图 6.2　BIM 数据中心机房透视图

建个元高速公路项目 BIM 数据中心机房设施配置见表 6.2。

表 6.2　机房设施配置表

项目名称	建设内容	数量	单位
	机房精密空调	2	台
	机房智能 UPS	1	套
	服务器机柜	3	个
	机房配电工程	1	项
机房	机房防雷接地	1	项
	机房动力环境监控系统	1	套
	机房消防	1	套
	KVM(keyboard video mouse，键盘、视频、鼠标)	1	台
	机房综合布线工程	1	项

2)控制室建设

BIM 数据中心控制室建设主要包括操作台、拼接屏及操作电脑，控制室设备配置见表 6.3。

表 6.3　控制室设备配置表

项目名称	建设内容	数量	单位
	操作台	4.8	米
控制室	拼接屏	1	套
	操作电脑	6	台

2. 应用平台建设

BIM 数据中心应用平台由硬件(服务器、存储设备、网络交换机、网络安全设备等)和应用系统(项目管理系统、BIM 系统、工程档案管理系统等)构成，本项目数据中心配置见表 6.4。硬件是 BIM 数据中心构建的重要支撑平台，设备选型应综合考虑 BIM 管理系统功能需求，同时兼顾硬件设备更新换代速率。BIM 数据中心的架构如图 6.3 所示。

表 6.4　数据中心配置表

项目名称	建设内容	数量	单位
服务器和操作系统	三维地质服务器	2	台
	BIM 数据集成服务器	2	台

右上角：续表

项目名称	建设内容	数量	单位
服务器和操作系统	精密建模服务器	2	台
	项目管理服务器	2	台
	数据库服务器	1	台
	GIS 支撑平台	2	台
存储系统	专用数据存储	1	套
交换机和安全设备	数据中心交换机	2	台
	网络审计系统	1	台
	Web 应用防火墙	1	台
移动设备	iPad	30	台
	手持移动设备	30	台

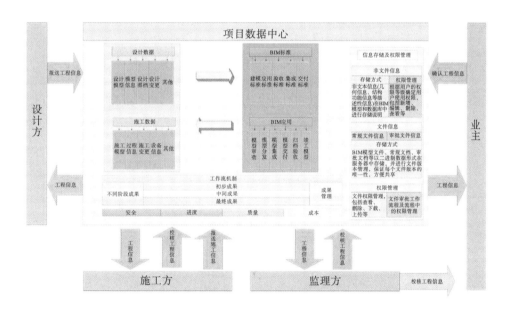

图 6.3　BIM 数据中心架构图

3. 视频监控系统建设

视频监控系统主要包括前端监控摄像头、前端存储及显示设备、有线无线传输设备、传输线路、数据专线和监控中心大屏，其系统构成如图 6.4 所示。通过建设网络视频监控系统，使得项目生产及安全指挥管理人员能够随时了解和掌握各个施工重要工点实时的运转情况和状态，尽早发现问题，排除安全隐患，为整个项目安全建设提供有力保障。

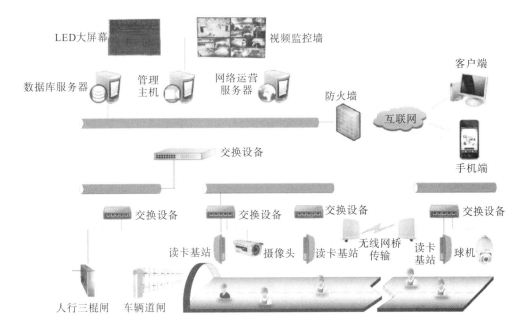

图 6.4　视频监控系统构成图

根据项目计划方案，首先在"三隧一桥"第一批重点控制性工程，比如红河特大桥、五老峰隧道、咪的村隧道及兴隆隧道的关键工点设置高清摄像头，对施工现场进行视频监控，监控系统将工点视频图像通过数据传输系统远程传递至 BIM 数据中心，进行统一监控，同时将视频数据与项目管理系统进行数据交换，项目管理人员可通过项目管理平台实时调阅视频信息，全方位把控项目总体进程。后期其余工点结合施工进度与管理需求，陆续增设视频监控系统。"三隧一桥"监控点布置如图 6.5～图 6.11 所示。

分别在两隧道口各安装一台枪机，监控两隧道口情况；在两隧道口中间安装球机，旋转监控整个工作区域

图 6.5　五老峰隧道进口监控点布置示意图

分别在两隧道口各安装一台枪机，监控两隧道口情况；在两隧道口中间安装球机，旋转监控整个工作区域

图 6.6　五老峰隧道出口监控点布置示意图

分别在两隧道口各安装一台枪机，监控两隧道口情况；在两隧道口中间安装球机，旋转监控整个工作区域

图 6.7　兴隆隧道进口监控点布置示意图

分别在两隧道口各安装一台枪机，监控两隧道口情况；在两隧道口中间安装球机，旋转监控整个工作区域

图 6.8　兴隆隧道出口监控点布置示意图

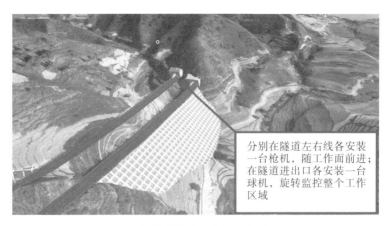

图 6.9　咪的村隧道进口监控点布置示意图

图 6.10　咪的村隧道出口监控点布置示意图

图 6.11　红河特大桥监控点布置示意图

4. 数据传输系统建设

由于各个施工工点距离项目公司较远，为了保证视频监控系统和各类监控与预警系统的相关数据信息能够准确快速地传递到项目管理系统，方便项目公司与参建各方及时进行现场监控与方案决策，应在控制性工程处设置网络专线以形成闭合通畅的数据传输系统，传输系统如图 6.12 所示。

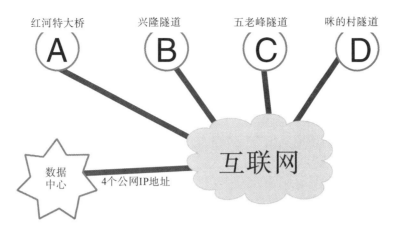

图 6.12　BIM 数据传输系统示意图

6.2.3　精细化三维地质模型

1. 建模的总体思路

根据建筑信息模型的应用任务建立多级别模型，涵盖模型的几何及属性信息。建模的总体思路如图 6.13 所示，各阶段模型的要求如下。

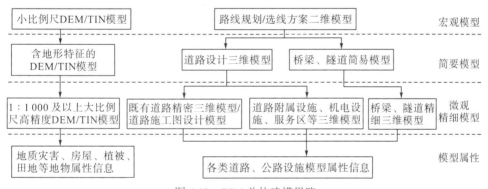

图 6.13　BIM 总体建模思路

1)满足宏观管理需求

建立三维地质模型，主要展示工程走廊带自然环境，如地形、地质、地貌、生态、经济等；建立简化的公路三维模型，突出路线总体规划及设计方案，如道路、桥梁、隧道、服务区等，或者以二维形式来展示；能对模型颜色或其他属性进行变更，满足施工进度管理等四维(时间维度)展示要求。

2)满足详细设计沟通需求

根据路线方案设计自动生成中等细节程度的三维模型，道路及机电设施模型的外观、细节等可来源于标准的自有公路设计三维模型库,各部分三维模型能根据设计方案变更快速重建，与项目地形、地质三维模型融合，充分满足项目设计方、项目公司方的沟通、交流要求。

3）重要工点地区细节建模需求

对重点桥梁、隧道等建立微观三维模型，突出构造物重要部件的细节层次及特性，增加交通工程设施模型，可满足设计及后期施工、进度、质量、成本控制等多类任务的交流与管理需求。

4）多任务用途的模型属性需求

除三维模型的几何信息外，可添加模型的属性信息，包括公路项目设计的路面铺装工艺与材料、护栏等道路基础设施参数、多种交通工程设施属性等，满足成本、进度、质量管理需求，实现对设计沟通、施工、运营、养护管理等阶段的信息支持。

为避免不同层次的模型存在重复创建和信息冲突等问题，采用从宏观到中观，再到微观的逐步建模方法。首先创建宏观模型，在其基础上创建各标段的中观模型，最后在中观模型基础上，创建重点桥隧的微观模型。各层次模型之间可以通过点线相互转换，操作方便快捷。由于宏观和中观模型已包含了标段、路段、桥梁、隧道等的详尽信息，根据实际应用需要仅针对重点或典型桥隧/路段建立精细模型，因此在满足高速公路工程 BIM 应用需求的前提下，该方法可节省大量建模工作。

2. 三维地质建模软件

地质建模主要是针对设计专业关注的地质对象进行建模，包括地层界面、构造面、风化面、卸荷面、水位面等。三维地质建模以 GeoBIM 为建模工具，该软件的整体架构如图 6.14 所示。软件系统主要包括数据库、权限管理、三维建模、模型分析、模型查询、图件编绘、数据网络查询及统计、软件接口等几个部分。

(1)数据库可以完成所有地质资料的录入和归纳，可全面管理地质资料，包括地质点、钻孔、平洞、探坑、探槽、探井、开挖边坡、开挖洞室等揭露地质资料的录入，录入的文件格式包括数据文件、照片、影像、图纸等，几乎涵盖了所有的地质资料。除了可以直接在数据库中录入之外，还提供了批量导入文件的功能，可作为数据录入的补充手段。

(2)权限管理可通过权限设置给不同的参与人员设置不同的权限，对主要建模人员提供最高权限，对一般参与的建模人员提供基本录入权限，对校审人员提供浏览权限。有效地对工程模型文件的安全性进行控制，减少对模型的误操作，为准确建立模型提供基础保证。

(3)三维建模功能根据不同的地质对象、不同的数据资料来开发，可完成不同数据源、不同地质对象的多种方法建模。规划阶段可根据少数的地质点信息完成初步模型的建立，可根据点及产状直接建模，还可根据初步判断覆盖层厚度进行厚度覆盖层建模。预可研及可研阶段数据量增加后可根据钻孔、平硐绘制勘探剖面，通过对工程区进行三角网状剖面控制，既充分利用钻孔资料，又减少剖面交点的误差。建模过程中自动调用勘探资料，提高建模效率，减少人为差错。另外，可根据勘探资料的增加不断更新模型。

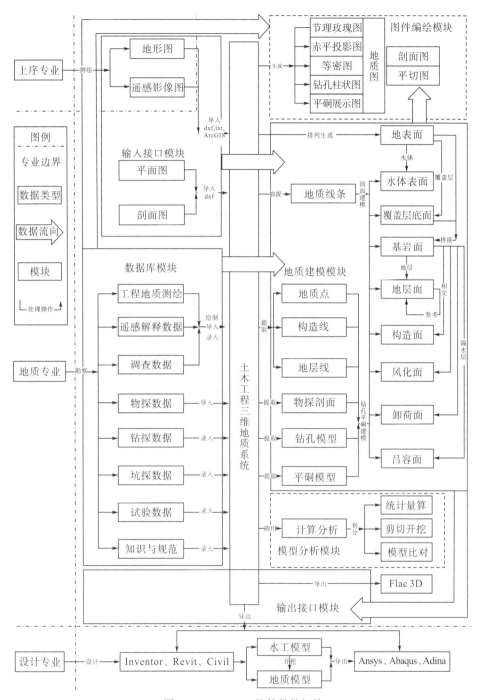

图 6.14　GeoBIM 软件整体架构

(4) 模型分析功能可为地质人员提供分析地质情况的工具，可更加直观地在空间中展示地质对象的形态、与其他地质对象或建筑物之间的关系。可以从各个角度观察对象，从多个视角展示地质对象。模型查询功能提供点坐标、线段长度及角度、曲面面积、围合面体积、带属性对象的查询，使查询人员更加详细了解地质对象的几何特征、属性特征等。

（5）软件接口包括前期基础资料的导入及成果文件的导出。前期资料包括地形文件、勘探资料、物探成果、试验成果等，可导出 dxf、gkd、3d、igs 等格式的文件，可满足施工、水工等相关专业的要求，为三维协同设计打下基础。

（6）图件编绘功能可进行平面图、剖面图、地层柱状图、钻孔柱状图、平硐展示图、探坑展示图、探槽展示图、探井展示图、实测剖面图、开挖边坡展示图、开挖洞室展示图、节理玫瑰图、节理等密图、赤平投影图等图件的绘制。成果图件的绘制可完全通过数据库的调用和三维模型绘制完成，图件需要修改的内容很少，且图件的绘制符合规范的要求。一些基础图件，如钻孔柱状图、实测剖面图、节理玫瑰图、节理等密图、赤平投影图等可通过程序自动绘制，其他图件如平硐展示图、探槽展示图等则采用描图的方法在二维模块中进行绘制，对文件进行存储即可。

（7）数据网络查询及统计功能可对工程资料进行查询和统计，网络扩大了资料的可查询范围，为其他相关专业的资料查询提供了条件。通过统计功能可统计出不同阶段的工作量、不同勘察工作的完成量，并可生成各种表格文件供报告或汇报使用，内容更加详细、具体、全面。

3. 精细化三维地质建模流程

通过地形数据得到地形面，然后整理各类原始资料得到空间点线数据；根据各类勘探数据绘制建模区的三角网状控制剖面，并根据各类地质对象的特点绘制特征辅助剖面对建模数据进行加密，得到各类地质对象的控制线模型；通过拟合算法即可得到各类地质对象的初始面模型，通过剪切、合并等操作形成精细化三维地质面模型，通过围合操作得到三维地质围合面模型，通过分割操作得到三维地质体模型。建模流程如图 6.15 所示。

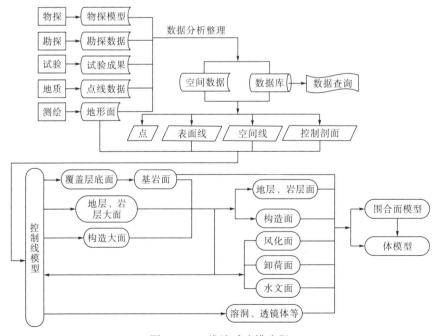

图 6.15　三维地质建模流程

1）三维地理信息建模流程

根据交通运输厅数字路网基础地理信息数据标准，生成沿线基础地理信息及三维空间场景。

（1）数字正射影像图（digital orthophoto map，DOM）生成。根据工程特点，通过卫星遥感技术采集生成建个元高速公路沿线长 122.46km、宽 5km，面积为 612.3km^2，分辨率优于 0.5 的 DOM。

（2）数字高程模型（digital elevation model，DEM）生成。根据项目 1∶2000 地形图，通过 GIS 软件加工生成建个元高速公路沿线长 122.46km、宽 0.6km，面积为 73.476km^2 的 DEM。

（3）三维空间场景合成。利用 GIS 软件将分辨率优于 0.5 的 DOM，叠加 1∶2000 的 DEM，合成建个元高速公路周边 612.3km^2 的三维地理空间场景，为建立基于 BIM 的项目管理平台提供基础地理信息及基础地理信息编辑、展示功能。

（4）行政区划及公路沿线标注、矢量化数据处理。对地貌、水系、河流、骨架线、项目中心线、单位工程等进行矢量标注。

2）三维地质建模流程

结合三维地理信息模型，根据项目施工图资料和交通运输厅数字路网 BIM 标准，按照工程部位划分结果，利用 BIM 软件建立建个元高速公路 122.46km 的路基、路面、边坡、标线、桥梁、隧道、涵洞、立交 BIM 构件模型（不含钢筋等内部构造），模型与工程部位划分关联，为后期基于 BIM 的建设项目管理平台应用奠定基础。

（1）路线。利用 Civil 3D 软件创建参数化路线模型，其包含平曲线、竖曲线参数以及断链、超高、加宽等属性，对平纵曲线参数的修改都可以实时精确地反映到路线模型上。

（2）桥梁。利用 Revit 等软件通过参数化建模的手段形成桥梁梁板、墩柱、盖梁、桩基等结构的建筑信息模型，其包含坐标、材料、尺寸、体积、数量、质量等属性，最终生成的桥梁模型与线路动态关联，任何对于线路平纵断面的修改，都可以实时精确地反映到三维模型上。

（3）道路。利用 Civil 3D 软件的智能横断面模板创建参数化组件，如沥青、基层、底基层、护栏等，最终装配成路基横断面模板，条件判断组件等组成的横断面模板可以很容易地应对横断面的变化。在软件内可自动生成相应桩号区间范围内的工程量（沥青、浆砌片石、土石方等），最终生成的路基模型与线路及横断面模板动态关联，任何对于线路平纵断面和路基模板的修改，都可以实时精确地反映到三维模型上。

（4）隧道。利用 Revit 等软件创建参数化隧道衬砌模板，其包含了隧道内轮廓尺寸、初期支护、二次衬砌厚度、角度等属性，最终生成的隧道模型与线路及横断面模板动态关联，任何对于线路平纵断面和隧道横断面模板的修改，都可以实时精确地反映到三维模型上。

（5）特殊地质对象建模。

①覆盖层建模。覆盖层底界面与地形紧密相关，且分布厚度、形态变化大，在建模过

程中需要投入的工作量很大。在建模过程中,应考虑覆盖层堆积形成的特点,根据底界面形态和已有数据特点选择合适的建模方法。滑坡体的建模应关注滑坡的滑动面和滑坡中部堆积体厚度的变化情况;冲积层的建模应考虑河流的特点,采用横截面剖面分段控制建模的方法进行建模。

②地层及构造建模。地层及构造主要通过产状建模,在分界点上给出反映该处对象变化情况的倾向线或小范围面,综合各个分界点的特征线或特征面拟合建模,既可以保证面模型通过现有分界点,又可反映地层和构造的整体变化特点。

③剖面线建模。风化面、卸荷面、水位面、透水率界限面等地质对象的建模相较于地层及构造的建模,缺少了产状信息,且形态特征更加不规则,需要更多的数据来控制形态的变化。将现有的各类离散点,通过剖面的方式连接,一方面可以增加数据量,另一方面可以给定拟合的方向,提高拟合成目标面的效率。剖面线建模是以现有的勘探点位的控制节点形成三角化的剖面线网格,从而控制研究区的建模,而对于缺少数据的部位可增加适量的辅助剖面进行数据加密。

6.2.4 平台建设

1. 建模软件平台

目前,国内外知名的 BIM 软件服务商如下。

(1)Autodesk。代表软件有 Revit、Civil 3D、BIM360 等,是目前建筑行业最常用的 BIM 平台。

(2)Bentley。代表软件有 PowerCivil、AECOsim、ProjectWise 等,适用于大型基础设施,尤其是特大复杂工程。

(3)Dassault。代表软件有 CATIA、SolidWorks、DigitalProject 等,因其参数化能力出色,适用于机械、汽车、幕墙等行业,面向工程业的专业应用相对较少。

结合建个元高速公路项目的特殊性和复杂性,经综合比较,考虑到要与项目管理平台建立的模型兼容,本项目主要采用 Autodesk 及 Bentley 软件进行建模,并用 HydroBIM 平台进行集成。通过集成 BIM 信息、项目管理信息、工程档案信息,实现建个元高速公路项目的模型数据、空间基础地理信息、质量安全数据、项目管理信息等数据的整合、交换和共享。

HydroBIM 平台是中国电建集团昆明勘测设计研究院认真总结十余年三维设计实践,学习借鉴建筑业 BIM 和制造业产品生命周期管理理念和技术,引入"工业 4.0"和"互联网+"概念和技术发展起来的一种多维(3D、4D-进度/寿命、5D-投资、6D-质量、7D-安全、8D-环境、9D 成本/效益等)建模平台。信息模型大数据、全流程、智能化管理技术是土木工程及水利水电工程规划设计、工程建设、运行管理一体化、信息化的最佳解决方案。

HydroBIM 已逐步形成较为完整的体系,并在项目跟踪和投标工作中广泛应用,大大提高了工作效率、服务质量及中标率。HydroBIM 既是集成技术创新,更是集成管理工具创新,软件架构如图 6.16 所示。

图 6.16　HydroBIM 平台软件架构

2. 项目建设管理信息系统平台

为保证 BIM 技术在项目管理中的实施,必须建立一个协同、共享的平台,利用基于互联网通信技术与数据库存储技术的 BIM 平台系统,将 BIM 建模人员创建的模型数据用于各岗位、各条线的管理决策,才能按大后台、小前端的管理模式,将 BIM 价值最大化,而非形成 BIM"孤岛"。基于 BIM 的项目建设管理信息系统平台已经搭建完成,该系统平台如图 6.17 所示。

图 6.17　项目建设管理信息系统平台

1)项目建设管理信息系统平台构成

项目建设管理信息系统平台主要由三维地理信息平台、BIM 管理平台、项目管理平台、施工管理平台和项目管理移动办公平台组成。

(1)三维地理信息平台。提供三维漫游、飞行浏览、快速定位、图层管理、基础地理信息查询、编辑、空间测量、空间分析等功能。

(2)BIM 管理平台。提供模型管理、空间定位,采用工程划分结构(work breakdown structure,WBS)对工程进行管理,将建设工程项目划分成由单位工程、分部工程、分项工程(检验批)等组成的树状结构。按照工程划分结构分类与组织工程项目管理中产生的质量、安全、进度、计划、工程量、原材料、机械、劳动力、项目文件等信息，实现数据的一致、关联和共享，对模型数据进行添加、删除和更新管理，以及对 BIM 数据进行配置管理、更新、发布、集成。

(3) 项目管理平台。提供项目级信息系统的组织机构管理、权限管理、元数据管理、流程管理、数据更新、系统安全管理、数据审计管理、数据存储与备份管理、服务管理等功能。

(4) 施工管理平台。为建设项目参与方提供一个高效协同的管理平台，对设计进行验证，可减少工程变更、控制投资、加快建设进度、提高工程质量、降低安全风险、实现项目的痕迹化、可追溯管理，实现项目的施工到运营模型数字化整体交付。

(5) 项目管理移动办公平台。支持基于 Android 系统与 iOS 系统的手机、平板电脑等移动设备，为项目管理移动 App 提供服务。

2) 系统功能

该平台按照分布式面向服务的架构(service-oriented architecture, SOA)设计，采用.NET 框架开发，建立项目协同管理的云服务平台，项目参与者通过 PC 和移动端可实现信息的共享和交换。平台能兼容主流操作系统，包括 Windows 系统、iOS 系统和 Android 系统，兼容主流移动设备，包括基于 iOS 系统的 iPhone、iPad 以及基于 Android 系统的平板电脑和手机，方便用户在多种环境下移动办公，实现台账、变更、计量等业务数据在线填报、在线审批、现场采集，采用电子签名方式确认等。同时，在项目交竣工后，形成的各类信息数据、模型数据、档案数据为后期建立运维服务平台提供基础数据保障。

3) 流程管理

该平台用数据跟踪每个工程构件的空间位置、设计规划、投资、进度、质量、安全、养护情况、健康状况记录等。

该平台通过构筑物的三维模型，帮助管理者按照实物可视化审查(批)工程的支付、质量安全、进度、物资，杜绝虚报、重报，杜绝重复的审批。

该平台可实现计划进度的安排、三维形象进度展示、计划进度和实际进度对比，进度计划管理更加直观、具体。

该平台可与项目管理应用系统、视频监控管理系统进行集成，自动关联工程构件模型和项目管理信息。

此外，该平台结合云南省交通运输厅 CA 数字证书和电子签名签章技术，实现计量、质检、安全、交竣工等全业务的无纸化办公，直接形成电子化的竣工资料。

6.2.5 BIM 专项深化应用系统

针对隧道开挖、边坡监控、专项施工质量、安全、风险管控需求，以及对施工进度的实时监控要求，基于 BIM 技术，开发了桥梁施工监控及预警系统、边坡施工监控及预警系统和路基施工质量监控系统、隧道通风监控系统。通过 BIM 技术的专项性开发和应用，满足进度可视化管理要求，加强对项目投资、施工安全风险的控制等，增加工程结构耐久性。服务项目高质量运营管理，向数字化、智慧化领域延伸是专项应用的重要目标。

1. 桥梁施工监控及预警系统

通过安装全球导航卫星系统(global navi-gation satellite system，GNSS)基站和测站(图 6.18)，实现桥梁全天候实时在线健康监测，提供在桥梁坐标系下的三维变化量并借助 BIM 平台进行展示，获取反映桥梁健康状况的特征信息，为桥梁交通安全及结构安全的维护管理与决策提供技术支持，对桥梁的安全可靠性做出评价。利用监测成果，建立不同监测项目的分级预警体系，融合桥梁计算仿真数据，通过数据挖掘，实现对桥梁各部位及构件的安全评价及分级预警。

图 6.18　GNSS 基站和测站

2. 边坡施工监控及预警系统

通过埋设的检测仪器，自动获取边坡变形相关数据，利用检测成果，建立不同检测项目的分级预警体系，通过数据挖掘，实现对边坡的安全评价及分级预警。

1)边坡工程主要监测项目

(1)外部变形监测。外部变形监测目前仍基于较为成熟和有效的表面变形监测点(包括 GNSS)，监测成果仍以定性分析和定量分析为主，一般主要分析其绝对、相对变形，方位角以及倾伏角等。绝对变形衡量总体变形的大小和程度。相对变形衡量某一时段变形的变化速率，与周围建筑物、地质条件、施工开挖和降雨量等因素直接相关，一般侧重分析其在平面上和高程上的差异。方位角衡量平面变形的方向，与地质构造、开挖体型、施工过程等因素相关，一般侧重分析其在平面上和高程上的一致性和协调性。倾伏角衡量合位移中垂直变形和平面变形的比例，与地质构造、施工过程等因素相关，一般侧重分析其在高程上的协调性和变形性质。

综合相关项目可以分析得出边坡宏观变形规律、潜在失稳模式、潜在滑动面的前缘和后缘，结合深部变形还可推导出滑动面的深度，为边坡的稳定性分析和工程措施的实施提供重要依据。

(2)深部变形监测。关于滑坡体、边坡深部变形的监测，主要通过钻孔埋设相应仪器监测岩土体内部的变形，目前较为成熟和有效的手段是采用测斜孔来监测垂直于钻孔轴向的变形，寻求潜在滑动带深度、变形方向；采用多点位移计监测钻孔轴向变形，寻求结构面、卸荷带等的分布或沿钻孔轴向变形的范围和大小。

(3)锚固效应。由于预应力锚索(杆)具有施工快速、对边坡扰动小和主动加荷等优点，锚索加固边坡应用越来越普遍。锚固效果监测主要包括锚索(杆)荷载和锚杆应力监测，锚杆应力的监测成果主要是确定锚杆设置深度与布设数量的合理性及效果，判识方法相对简单。

2)边坡施工管理及预警系统

边坡施工管理及预警系统的总体结构如图 6.19 所示。

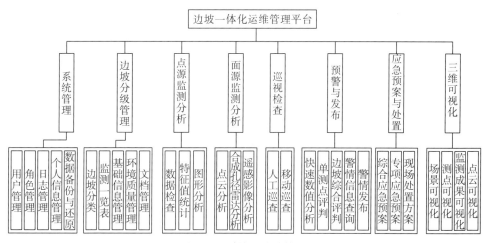

图 6.19　系统总体结构图

基于对监测信息分析处理、信息可视化等理论和方法的研究，针对边坡工程，综合考虑各个影响因素对边坡安全运行的影响，开发具备边坡管理特色，集安全监控信息管理以及监测信息可视化、点云数据可视化等功能于一体的边坡一体化运维管理平台应用软件系统。BIM 融合数值仿真计算结果信息，与监测信息底层进行集成，可实现数值仿真计算信息与监测信息的深层次综合对比分析。

3. 路基施工质量监控系统

采用先进的测量技术(GPS、3D 激光扫描仪、高精度测量机器人、智能型全站仪等)、物联网、GIS、计算机网络技术和自动控制技术等手段，利用路基放样及测量辅助技术、摊铺质量实时监控技术、碾压质量实时监控技术及全工作面连续压实质量动态评估与实时控制技术，解决工程施工质量控制的关键技术难题。施工质量监控系统总体架构如图 6.20 所示。

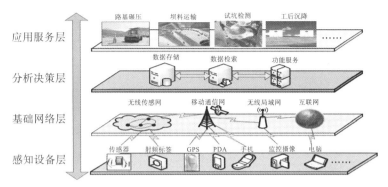

图 6.20   总体架构图

1）坝料运输模块

该模块实现料场料源匹配动态监测及报警、运输强度统计、道路行车密度统计、车辆信息及空满载监视、车辆运输动态监视。根据设定的料源料场运输要求和监控到的车辆装/卸载信息，当车辆卸料点位置出错时，系统自动向监控 PC 终端报警，同时向现场施工人员和监理人员的手持 PDA 报警。

2）路基碾压模块

该模块实现碾压轨迹、行车速度、碾压遍数、激振力等碾压参数的全过程、在线实时监控。由监控中心、网络中继站、现场分控站、GPS 基准站和 GPS 流动站（碾压机械）等部分组成。网络结构如图 6.21 所示。

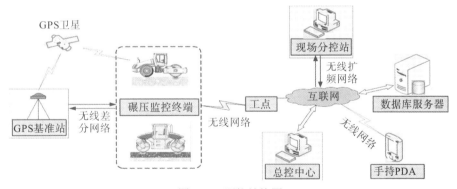

图 6.21   网络结构图

3）试坑检测模块

现场试验数据（试坑试验）与现场照片的 PDA 采集包括整个施工期内的所有试坑信息（监理、施工单位、项目公司三方数据）。

4）工后沉降模块

该模块可在路基施工完成后进行沉降变形监测，监测路基的稳定情况，还可以对路基碾压效果进行评价、指导道路使用时间(沉降稳定且工后沉降满足要求后方可铺设轨道)。路基工后变形采用静态 GPS 监测系统,利用已有的 GPS 差分基准站,在路基监测点布设 GPS 流动测点即可进行变形(沉降和水平)监测。网络结构如图 6.22 所示。

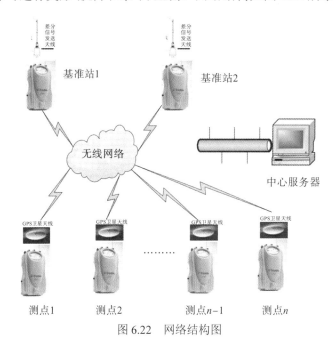

图 6.22　网络结构图

5)通信组网

通信主要包括总控中心通信、高精度 GPS 基准站无线电差分网络、流动站或移动终端无线网络三个部分。通信组网如图 6.23 所示。

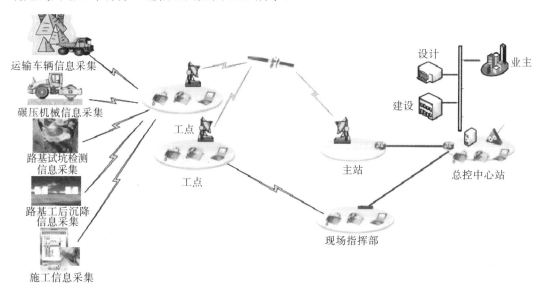

图 6.23　通信组网示意图

4. 隧道通风监控系统

运用基于 BIM 技术的智能通风控制系统,通过挂接施工期预埋的温度监测器件、气体检测器件等,设置温度、有毒有害气体浓度等控制指标,以此控制通风机风速和供风量。该系统也能用于后期运营,进一步结合洞外风向和洞内外风压差,实现变频变向通风,提升风机工作效率,同时达到全生命周期节能降耗的目的。

6.3　基于 BIM 的项目建设管理全过程信息化应用

基于 BIM 的项目建设管理信息系统广泛应用于项目的勘察设计阶段、施工阶段及运营维护阶段,贯穿于项目全过程,提高了项目全生命周期管理能力。

6.3.1　勘察设计阶段

勘察设计阶段的 BIM 信息化管理系统可以建立可视化建筑信息模型、三维地质模型,还可以实现其他众多功能,如施工数据查询及统计、模型转换分析、优化设计方案等,具有广阔的推广前景。

1. 三维地质建模成果

1) 数据查询及统计

通过对各类数据的整理,可以有效地管理各类数据,方便在建模的过程中直接调用,在需要进行数据查询时,根据关键字可以搜索各类相关信息并直接查看。同时,数据库提供了数据统计的功能,可以根据不同的设置条件统计各类数据。

2) 成果图件编绘

三维模型地质图在表达上更加形象,更具立体感,但是由于缺少相关规定,现阶段的图件编绘既有二维图件也有三维图件,二维图件直接从三维模型中抽取。三维图件在强调展示效果的同时注重信息的展示,既可达到美观的效果,又可表达更多信息。

3) 三维地质模型分析

模型分析主要针对已建的三维地质模型进行分析,可以进行单截面分析、多截面分析、剖面分析、虚拟钻孔、虚拟平硐等操作,在空间上、多角度反映地质对象的变化情况,为地质对象的空间分析提供基础。

4) 计算机辅助工程(computer aided engineering,CAE)分析

随着各种数值计算分析软件的不断发展,三维数值模拟分析在工程中得到了大量的应

用。二维设计成果需要通过成果转换得到三维模型，而三维设计可以直接采用三维地质模型，经过适当的简化进行数值模拟分析计算。

5) 得到转换模型

设计专业使用的设计软件与地质建模软件不同，通过对地质模型进行转换可得到能直接导入设计软件的地质模型，包括 Inventor 软件和 Civil 3D 软件。导入 Inventor 软件的地质模型为实体模型，带有地质相关信息，包括地质对象的岩性、风化、建议开挖坡比及相关的岩土力学参数。导入 Civil 3D 软件的地质模型为面模型，带有面的相关属性，如地层分界面、风化程度、水位面等信息。

2. 项目整体应用成果

1) 区域地质模型

对于公路工程，基于区域地质及地质勘察资料，可以建立起长线路三维地质模型及工点三维地质模型(桥梁、隧道、路基、高边坡等)。长线路的三维地质模型主要用于地质条件的三维可视化，重点反映公路与不良地质现象(区域断裂、滑坡、泥石流等)之间的相对位置关系(图 6.24、图 6.25)，为公路的初期选线提供基础地质资料。

图 6.24　建元段一标段整体地质模型

图 6.25　建元段一标段局部地质模型

2) 工点地质模型

工点三维地质模型不仅可以实现地质条件的三维可视化，进行模型空间分析，还可以实现路基工程开挖工程量的计算、隧道围岩的分类以及提供给设计专业进行工程设计，如桥基的布设、路基的开挖等。路基高边坡及隧道三维地质模型还可为施工阶段的工程开挖与支护提供一定的地质依据，并可根据地质勘察深度的增加及施工开挖时揭露的地质条件，不断修正与完善三维地质模型。

3. 设计方案局部优化

在施工图设计完成后，路线方案已基本稳定，施工阶段路线优化调整的可能性较小，因此在施工准备阶段建立全线三维模型后，可以开展以下工作内容。

(1)隧道进出口优化：通过建立隧道进出口三维模型，局部优化调整隧道进出口位置、进出口开挖及支护方式、隧道洞门造型及绿化方案等，如图 6.26 所示。

图 6.26　放马坪隧道进出口模型

(2)边坡开挖及支护方案优化：结合三维地质模型，建立建筑信息模型后，对沿线高填深挖路段的开挖及支护方案进行优化调整，如图 6.27 所示。

图 6.27　沿线部分高填路段模型

(3)重要桥梁及隧道结构优化：主要考虑沿线控制性隧道及桥梁工程开挖、支护及结构优化调整，如红河特大桥桥塔、锚碇等开挖及结构尺寸的优化调整，如图 6.28 所示。

图 6.28　红河特大桥建筑信息模型

6.3.2　施工阶段

应用设计阶段建立的建筑信息模型、集成项目施工阶段的管理信息、工程档案信息、视频信息，实现建个元高速公路空间基础地理信息、质量安全监控数据、项目管理信息等数据的整合、交换和共享，施工阶段技术路线如图 6.29 所示。

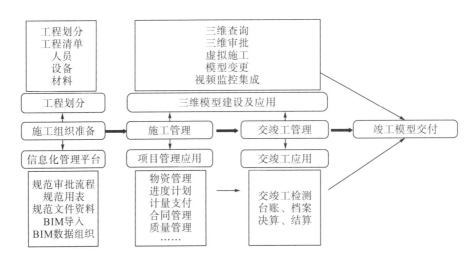

图 6.29　基于 BIM 的公路工程建设应用施工阶段技术路线

1. 项目管理应用系统

该系统包括项目管理移动 App、办公自动化(office automation，OA)管理、征地拆迁、工程划分结构管理、物资管理、质量管理、试验管理、计划进度管理、安全生产管理、项目合同管理、工程台账管理、计量支付管理、变更设计管理、新增单价管理、技术资料管理、竣(交)工管理、竣工档案管理、结算/决算管理等功能。

1)征地拆迁管理系统

征地拆迁管理系统为 HydroBim 综合系统子平台,该系统可以规范管理全线征地拆迁安置工作,建立健全征地拆迁安置数据台账、档案,准确掌握拆迁安置对象的相关信息和安置进度,堵塞拆迁安置过程中的漏洞,防止弄虚作假、重复拆迁安置等行为,同时建立一个完整的数据库,与国土、林地报件系统标准化对接,实现土地详查数据的实时传输,通过 GIS 平台的征地进度图动态展示。

(1)土地详查数据管理。基于移动端的土地详查与实时传输,针对公路工程,采用 iPad 移动终端现场采集数据,通过移动终端 GPS/北斗实时定位,辅以外接装置,实现数据采集过程中实时精准定位。现场采集坐标、高程等信息,实现房屋、附属建筑物、零星果木树、专业项目数据采集、录入;采录土地面积、权属、坡度、地类等信息,生成 1 : 2000 土地利用现状地形图,实现指标确认、入库,建立实物指标基础数据库。数据无网络时离线采集、储存,有网络信号时数据自动导入后台云端数据库。使用者不需要额外增加存储、运行硬件,利用现有设备即可实现基础数据采集、录入。

(2)台账管理。根据数据库数据,按照客户个性定制,采用分户、分行政区划、分项目等灵活方式进行数据的汇总、统计,自动生成满足实物指标公示、确认、汇总要求的成果表与台账。

(3)档案管理数字化。在数据的采集、管理手段上,通过网络云端技术,实现征地档案数字化、标准化和前期、实施期、后期全生命周期管理。数字化档案系统对不同项目采用相应的数字化方案,新项目直接实现档案数字化管理,按照档案管理要求进行编号、入库,支持查询、统计。

(4)基于 GIS 的征地进度动态展示。基于 GIS 平台,在地图上制作房屋、土地征收项目的地块地图,绘制其地理位置,并使项目进度与数据属性相关联,实现图属一体化,在全过程实现征地实施进度计划审批,根据申请人提出的进度计划,系统自动与工程进度计划、原定计划进行检查对照,同时与监理、设计等进度计划进行比照,提出项目合理进度计划,完成全过程审批,控制流程,记录痕迹,完成基础数据入库。

系统收集用地批复文件、征地总面积、补偿金额、土地单价以及相关税费,土地种类、青苗和附属物的分类,补偿原则、补偿方法和补偿标准,征地拆迁责任人及联系方式等信息,并通过网站发布征地信息、拆迁信息、征迁进度等,对新增用地和临时用地进行申报审核,统计征地拆迁费用和进度,最终形成详细、完整的征地拆迁档案。将征地拆迁工作真正实现直观、实时、公开。

(5)快速查询与统计。系统支持模糊搜索、精确定位、查询征地基础信息、分析、统计,分析测算定制范围、不同建设征地范围影响指标、对象。可实现拆迁户搬迁前后居民点配套基础设施、房屋、生产资源、收入水平等信息的实时对比分析。可实现搬迁去向示意查询、安置前后信息比照、动态数据展示等功能。在每个基地上建立触摸屏多媒体公开查询系统,系统支持信息发布。

2) 物资管理

物资管理为项目管理平台的子系统。物资管理的主要内容包括统供物资的网上申请、调拨、供应以及台账管理，系统提供申请、供应、调拨三方的物资对账，并生成对账报表。物资管理的具体流程如下：第一，合同签订后按照项目公司要求，完成现场需求调研，确定是否统供；第二，确定价格、供应商；第三，根据价格波动等确定生成最终报表。

3) 质量管理

按照《云南省公路工程建设用表标准化指南(2019 试用版)》的要求，生成统一的施工管理用表，规范工程参建单位的质量行为，促进施工质量检验与评定工作标准化、规范化。

4) 计划进度

计划进度管理内容主要为实时统计工程的形象进度，汇总整个建设项目各施工单位的形象进度计划和完成情况，并以图表和统计图的形式展示。具体实施流程为：第一，实际进度的相关数据录入；第二，计划进度与实际进度对比；第三，根据上述内容定制模块上线运行。

5) 工程台账管理

工程台账管理主要内容为及时形成工程管理台账，形成以工程划分结构(WBS)为管理对象的各类台账，包括工程划分结构台账、质量责任人台账、原材料台账、试验台账、工程台账、工程计量台账、工程施工进度台账、变更设计台账、物资台账、安全生产人员台账、危险性工程和危险源台账、安全生产台账、工程档案台账、跟踪审计台账、结算台账、决算台账等。

6) 变更管理

变更管理的内容包括变更设计的网上申报、审核、审批，按照部、省厅对工程变更设计的要求对建设项目设计变更进行管理。通过网络进行变更设计的申报、审核、审批，在此过程中实现变更设计和变更处理卡的关联，以形成完整的变更设计资料，及时发布设计变更的工作进度，当变更设计处理完成后，自动更新到工程台账，并形成变更设计台账，保证变更设计管理工作的及时性。

7) 项目管理移动 App

项目管理移动 App 采用移动办公与移动视频采集技术，主要内容为提供移动终端应用，兼容主流操作系统(包括 iOS 系统和 Android 系统)和主流移动设备(包括基于 iOS 系统的 iPhone、iPad 以及基于 Android 系统的平板电脑和手机)，方便用户在多种环境下移动办公。基于电子签名技术，实现台账、变更、计量等业务数据在线填报、在线审批。

2. 工程形象进度更新

在施工中实现动态、集成和可视化的施工管理。将建筑物及施工现场模型与施工进度相链接，并与施工资源和场地布置信息集成一体，建立施工信息模型。实现建设项目施工阶段工程进度、人力、材料、设备、成本和场地布置的动态集成管理及施工过程的可视化模拟，实现项目各参与方协同工作。项目各参与方信息共享，基于网络实现文字档案、图像档案和视频档案的提交、审核、审批及利用。

根据时间段按分项工程的检验申请批复、中间交工证书、计量支付审批状态自动统计生成工程的多维进度空间形象，并与现场实时监控视频对比展示，为工程的现场指挥决策提供支持，对各施工标段总体施工进度进行统计。

3. 施工组织虚拟

基于 BIM 技术，对施工组织设计进行论证，就施工中的重要环节进行可建性模拟分析。施工方案涉及施工各阶段的重要实施内容，是施工技术与施工项目管理有机结合的产物。基于 BIM 技术，结合施工组织计划进行预演，对一些复杂桥梁结构和新施工工艺技术环节的可建性论证具有指导意义，方案论证及优化的同时也可直观地把握实施过程中的重点和难点。在精确地建立了项目基础信息模型的基础上增加时间进度要求的信息，在模型中增加工期属性，拟对重点单位工程进行施工模拟，同时可应项目公司要求，对协作单位多、工序复杂的施工过程进行模拟施工。

虚拟施工是在计算机上执行建造过程，虚拟模型可在实际建造之前对工程项目的功能及可建造性等进行预测，包括施工方法实验、施工过程模拟及施工方案优化等。

4. 碰撞检查

应用 BIM 技术进行三维管线的碰撞检查，能够彻底消除硬碰撞、软碰撞，优化工程设计，减少在建筑施工阶段可能存在的错误和返工的可能性，同时优化施工方案。施工人员可以利用碰撞优化后的方案，进行施工交底、施工模拟，提高施工质量，同时可提高与项目公司沟通的能力。

施工单位可在设计单位提交的模型基础上，进一步精细化建模，对模型和施工设施设备进行碰撞检查，检查图纸的可施工性，避免设计错误。

5. 集成远程视频监控

通过集成施工现场视频监控系统，可有效控制项目的进度、质量、安全风险。

6. 重要设备的关键数据跟踪

对试验室拌和站进行实时视频监控，监督规范工作人员在岗情况；对具备条件(支持在线访问数据的设备和网络)的试验室和拌和站，通过远程数据通信软件，自动将试验数据、分析曲线和报告发送到中心试验室的数据监控中心，数据监控中心对上报的数据进行自动分析和处理，对质量不合格的试验报告提出预警，避免人为干预数据，保证原始数据的及时性、真实性；实时采集拌和站、预制场等生产数据并通过互联网上传到数据监控中心，对超出控制范围的数据及时预警。

6.3.3　运营维护阶段

将基于 BIM 的项目信息化管理系统应用于项目的运营维护阶段，可以实现公路资产管理、运营监测、应急管理及养护管理。具体表现为：空间管理、实施管理、应急管理、节能减排管理及交通服务管理。基于 BIM 的公路工程建设、应用、运维阶段的技术路线如图 6.30 所示。

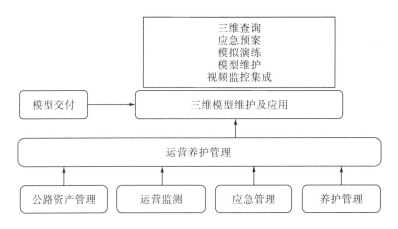

图 6.30　基于 BIM 的公路工程建设、应用、运维阶段的技术路线

1. 空间管理

空间管理主要应用于照明、消防等系统和设备的空间定位。获取各系统和设备空间位置信息，把原来编号或者文字表示变成三维图形位置，直观形象且方便查找。如通过射频识别（radio frequency identification，RFID）获取大楼的安保人员位置；消防报警时，在 BIM 上快速定位所在位置，并查看周边的疏散通道和重要设备等。另外，空间管理还应用于内部空间设施可视化。传统建筑业信息都存在于二维图纸和各种机电设备的操作手册上，需要的时候由专业人员自己去查找，然后据此对建筑物进行恰当处理。利用 BIM 可建立一个可视三维模型，所有数据和信息可以从模型获取。如装修的时候，可快速获取不能拆除的管线、承重墙等建筑构件的相关属性。

2. 实施管理

在实施管理方面，主要包括路面养护施工、空间规划和维护操作。降低设施管理人员的日常工作量，规范管理，减少偷工减料，降低运维成本。把特长隧道内独立运行的各设备（通风照明、除潮除味、干燥、排水设备）汇总到统一的平台上进行管理和控制。通过远程控制，可充分了解设备的运行状况，为项目公司更好地进行运维管理提供良好条件。

3. 应急管理

应急管理指通过 BIM 技术对突发事件进行预防、警报和处理等操作。以消防事件为例，该管理系统可以通过传感器感应信息，提前预警。

4. 节能减排管理

BIM 技术与物联网技术相结合，使得日常能源管理监控变得更加方便。通过安装具有传感功能的桥隧相关检测设备，可以实现构筑物承载、基础设施等数据的实时采集、传输、初步分析、定时定点上传等基本功能，并具有较强的扩展性，降低道路、桥隧病虫害发生，通过控制基础设施降低能耗，降低运营成本。

5. 交通服务管理

BIM 平台是信息集成载体，考虑项目竣工后期较长的运营周期，在该载体上开发集成应用系统平台，真正形成项目全生命周期的管理模式，其中交通服务管理系统结构具体见图 6.31。

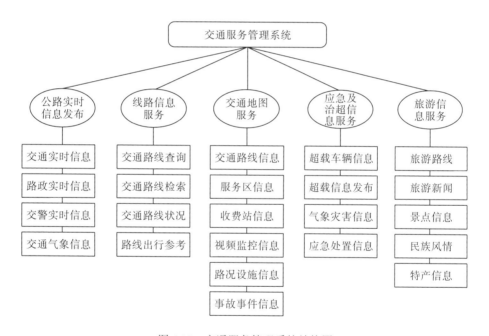

图 6.31　交通服务管理系统结构图

6.4　本 章 小 结

本章阐述了 BIM 的定义及技术特点，介绍了 BIM 相关软件，分析了公路行业 BIM 应用状况；建立了基于 BIM 的项目建设管理信息系统，并将其应用于建个元高速公路项目的勘察设计阶段、施工阶段及运营维护阶段。

（1）阐述了 BIM 的定义，总结了 BIM 的技术特点为可视化、模拟性、协调性、优化性及可出图性，并介绍了四款 BIM 建模软件。

（2）研究了建个元高速公路项目特点及难点，分析了建个元高速公路项目 BIM 建设的必要性；从 BIM 数据中心建设、精细化三维地质模型、管理信息系统平台建设及 BIM 专项深化应用系统四个方面形成了基于 BIM 的项目建设管理信息系统。

（3）BIM 数据中心建设包括机房建设、控制室建设、应用平台建设、视频监控系统建设及数据传输系统建设；梳理了精细化三维地质建模的总体思路，介绍了三维地质建模软件，概述了精细化三维地质建模流程，形成了精细化三维地质建模方法。

（4）介绍了项目建设管理信息系统平台架构、系统功能及流程管理，开发了 BIM 专项深化应用系统，包括桥梁施工监控预警系统、边坡施工监控及预警系统、路基施工质量监控系统、隧道通风监控系统。

（5）将基于 BIM 的项目建设管理信息系统应用于建个元高速公路项目的勘察设计阶段、施工阶段及运营维护阶段，取得了不错的效果，提高了项目全生命周期管理能力。

参 考 文 献

蔡煜文, 2018. 建设工程施工现场质量管理标准化探析[J]. 中国标准化(16): 172-173.

陈澍, 2019. A 房地产公司 B 项目质量精细化管理策略研究[D]. 长春: 长春理工大学.

陈兴福, 2013. 变电工程施工标准化管理模式的研究与应用[D]. 北京: 华北电力大学(北京).

陈兴科, 2018. "PPP+EPC" 投融资建设管理模式在重大水利基础设施建设中的应用: 以贵州马岭水利枢纽工程为例[J]. 中国
　　水利(10): 58-61.

杜龙义, 2010. 高速公路养护成本管理[J]. 交通世界(7): 87-89.

傅兴, 2019. 建筑施工成本精细化管理的探讨[J]. 居业(5): 145+149.

关俊, 2018. PPP+EPC 模式应用存在的问题及对策研究[J]. 工程经济, 28(1): 72-75.

管晓晴, 2019. PPP+EPC 模式下项目风险分担研究[D]. 郑州: 郑州大学.

李树岩, 2012. 高速公路项目运营效益研究: 以西柏坡高速公路为例[D]. 西安: 长安大学.

李晓慧, 2020. 明挖施工城市综合管廊工程质量管理标准化评价方法研究[D]. 郑州: 郑州大学.

李妍皎, 2021. 精细化管理在项目质量管理中的应用[J]. 中小企业管理与科技(17): 36-37.

李永福, 2019. EPC 工程总承包全过程管理[M]. 北京: 中国电力出版社.

李云贵, 2017. BIM 软件与相关设备[M]. 北京: 中国建筑工业出版社.

刘彬彬, 陶冶, 2020. 施工安全精细化管理策略分析[J]. 交通企业管理(6): 93-95.

刘国刚, 2017. 国际 EPC 总承包工程的采购管理探究[J]. 建筑工程技术与设计(2): 847.

刘洪斌, 2020. 公路工程施工安全精细化管理策略[J]. 黑龙江交通科技, 43(11): 253, 255.

陆松, 2018. EPC+PPP 模式下工程建设企业面临的风险及其防范[J]. 企业改革与管理(18): 40-41.

欧电, 2017. 关于水运工程质量管理标准化的探讨[J]. 珠江水运(13): 75-76.

秦明兴, 2021. 建筑企业施工项目成本精细化管理对策研究[J]. 财经界(11): 50-51.

邱曙光, 2017. 电力工程施工质量的精细化管理模式研究[D]. 北京: 华北电力大学(北京).

任宏, 兰定筠, 2005. 建设工程施工安全管理[M]. 北京: 中国建筑工业出版社.

施玲, 2018. 工程施工质量的精细化管理研究[J]. 管理观察(19): 37-38.

宋乾, 2020. 精细化管理背景下施工成本影响因素研究[D]. 济南: 山东建筑大学.

苏亚锋, 2014. 建筑施工现场安全管理标准化及评审体系研究[D]. 西安: 西安建筑科技大学.

王梦林, 2021. 浅谈土建工程施工进度控制与管理策略[J]. 绿色环保建材(4): 122-123.

王楠, 2020. 浅析高速公路运营效益提升对策[J]. 现代营销(信息版)(5): 144-145.

王瑞龙, 2015. 建筑项目施工安全标准化管理研究[D]. 邯郸: 河北工程大学.

王喜鹏, 2021. 公路工程施工企业现场安全管理标准化建设与提升[J]. 中国标准化(10): 63-65.

王迎发, 程合奎, 程世特, 2018. PPP+EPC 模式在建设领域中应用的探讨[J]. 东北水利水电(5): 20-22.

王忠秀, 2019. 建筑工程施工安全精细化管理探析[J]. 建材与装饰(14): 179-180.

吴琳, 王光炎, 2017. BIM 建模及应用基础[M]. 北京: 北京理工大学出版社.

吴维海, 2017. PPP 项目营运[M]. 北京: 中国金融出版社.

吴云梅, 2015. 基于 EPC 模式的 BIM 应用探讨[J]. 四川建筑, 35(6): 94-98.

邢俊敏, 2020. 建筑项目施工进度管理与关键节点控制研究[J]. 中国产经(20): 143-144.

徐莲怡, 2019. 高速公路养护成本分析及预测算法模型[D]. 重庆: 重庆交通大学.

晏振华, 2017. HH 高速公路运营成本控制研究[D]. 武汉: 武汉工程大学.

杨肖霞, 2017. 房地产开发企业目标成本管理标准化研究[D]. 重庆: 重庆大学.

原静霞, 2016. 河南省某高速公路经营期成本管理研究[D]. 郑州: 华北水利水电大学.

岳亚军, 郝生跃, 任旭, 2018. 建筑企业投资 PPP 项目的 F+EPC 模式研究[J]. 工程管理学报, 32(6): 17-22.

张耿, 2019. EPC 工程总承包项目的成本管理方法探究[D]. 西安: 长安大学.

张彦春, 王孟钧, 周卉, 等, 2016. PPP 项目运作·评价·案例[M]. 北京: 中国建筑工业出版社.

赵丽乐, 2020. EPC 模式中 BIM 技术应用研究[D]. 长春: 吉林建筑大学.

周丽君, 2019. 公路工程施工安全精细化管理分析[J]. 交通世界(20): 153-154.

Ferrandiz J, Banawi A, Peña E, 2018. Evaluating the benefits of introducing BIM based on Revit in construction courses, without changing the course schedule[J]. Universal Access in the Information Society, 17(3): 491-501.